JN414787

중국 사상의 이해

이희재 지음

신아사

이 연구는 2016년도 광주대학교 대학 연구비의 지원을 받아 수행되었음

머리말

이 책은 '인물로 본 중국사상'의 교재로 썼던 것을 원고를 가다듬어 출판하게 되었다. 다른 중국사상 관련 책들의 특징은 언제나 고대(古代)의 사상이나 사상가로부터 집필하는데 비해, 이 책은 현대 중국의 사상 곧 모택동과 모택동주의에서 출발하고 있다.

고대(古代)로부터 시작할 경우 중국적인 사상과 한국적인 사상이 헷갈리어 도대체 중국사상이 무엇인지 가늠되지 않는다. 그러나 현대의 모택동에서부터 중국사상의 줄거리를 전개할 경우 한국과 다른 중국의 특징이 확연히 드러난다. 현대 중국정부가 탄생하기까지의 파란만장(波瀾萬丈)한 중국 근현대사의 중심 인물들이 조명되면서 독자들은 우여곡절(迂餘曲折)을 통해 난세를 살아가면서 생존하는 중국의 지혜를 음미해 볼 수 있다.

한국인에게 있어서 중국이란 다른 외국과 다른 외국이라고 할 수 있다. 지금 한국인이 쓰는 성씨는 거의 중국에도 있을 뿐만 아니라 한국인이 애독하는 천자문, 명심보감, 사서삼경(四書三經)을 비롯해서 삼국지, 수호지, 서유기 등의 고전소설까지도 그 근원이 중국이라는 사실을 모를 정도로 한국문화와 밀접하다. 한국어의 70퍼센트 이상이 중국인이 사용하는 단어와 어휘를 공유한다. 겉보기에는 중국과는 전혀 다른 한글이지만 그 한글은 한자로 환원되어진다.

알고보면 한국이 중국과 멀어진 것은 20세기에 들어서면서이지만 다시 중국이 개혁개방을 취하고 소위 Global Standard를 갖추어 가고 있으면서 새로운 무역 파트너로 다가오고 우리 생활 속에 많은 영향을 미치고 있기 때문에 중국에 대한 새로운 이해가 필요한 때이다.

이 책은 모든 중국의 사상가들을 다루지 못했다. 단지 그 시대를 주도했던 중심적 인물만을 다루고 있으며 부록으로 중요한 사상적 배경을 설명했다. 이 책이 중국의 진면목을 이해하는데 도움이 되기를 바란다.

병신년 2016년 가을 호심관에서
저자 이희재

목차

근현대의 사상

청대의 사상

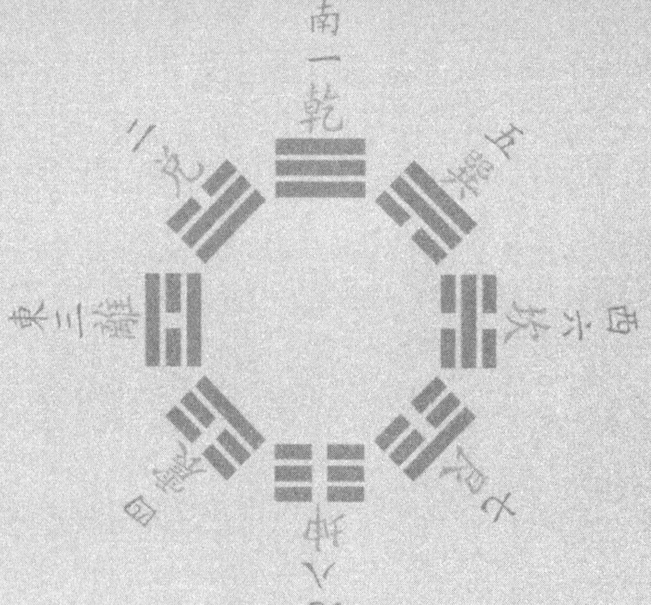

명대의 사상

송대의 사상

한당의 사상

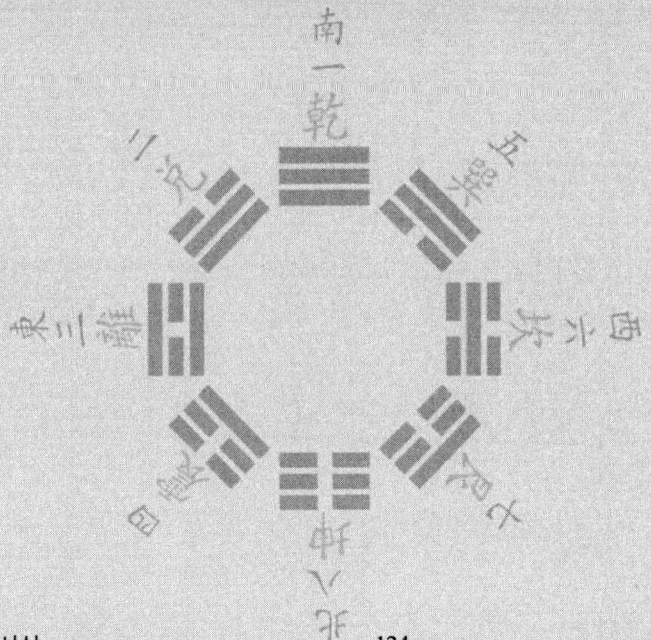

춘추전국시대의 사상

부록

근현대의 사상

모택동(毛澤東,1893-1976)의 사상

손문(孫文,1866-1925)의 사상

홍수전(洪秀全,1814-1864)의 사상

강유위(康有爲,1858-1927)의 사상

증국번(曾國藩,1811-1872)의 사상

모택동의 사상
(毛澤東, 1893-1976)

1. 중국의 큰 별

중국의 화폐는 1원짜리에서부터 100원짜리까지 모택동의 초상화가 그려진 화폐를 사용하고 있다. 오늘날 중국을 이야기하면서 모택동을 거론하지 않고서는 중국에 대해서 이야기할 수 없다. 중국의 수도인 베이징의 천안문 광장에는 지금도 모택동의 초상화가 게시되어 있으며 모택동은 땅에 묻히지 않고 지금도 살아있는 모습으로 투명한 관에 누어있다. 이 기념관에는 이른 아침부터 모택동을 참배하려는 중국인들이 줄을 서서 기다리고 있다.

내가 연구 중인(2011년) 상하이의 복단대학의 교정의 중심에는 거대한 모택동이 동상이 서 있다. 모택동은 현대의 자존심을 상징하며 문화혁명에 대한 실패의 비판에도 불구하고 더 많은 공로와 업적으로 중국인의 존경을 받으며 앞으로도 변하지 않을 것 같다.

왜 이렇게 모택동을 존경하고 그를 불후의 지도자로 여길까? 거기에는 다음과 같은 이유가 있다.

모택동은 반식민지로 전락한 중국을 독립시켰으며 일본 제국주의 그리고 미국의 세계전략을 극복하여 중국의 자주성과 독립을 완수한 인물이라는 것이다. 그는 한국전쟁에서 미국을 위시한 연합국과 맞서 싸웠고 소위 '항미원조(抗美援朝)'라 하여 북한을 지원했는데, 결국 남북분단으로 이어졌던 휴전을 이끈 것이 중국의 입장에서는 "미제국주의"를 극복한 쾌거로 보고 있다.

그의 중국혁명은 이미 손문을 위시한 혁명가들에 의해 기반이 이루어졌으며, 마르크스 레닌주의의 공산주의 사상을 중국의 실정에 맞게 응용하였다. 그것은 주로 농민으로 구성된 중국인들을 규합하여 공산혁명을 성공시켰는데, 여기에서 그의 전략가로서의 빼어난 면모와 사상가로서의 창조성이 돋보인다. 오늘날 공산주의는 붕괴되어 가고 있음에도 불구하고 중국의 공산주의는 이러한 독특한 중국의 민족주의와 결합한 사상 때문에 중국에서 유지되고 있다. 그것은 항상 교조주의에 머물지 않고 소위 '실사구시'를 추구한 중국식 공산주의 곧 모택동사상의 영향이라고 할 수 있다.

2. 모택동의 성장배경

모택동은 1893년 12월 26일 중국의 호남성(湖南省) 장사(長沙)인근 상담(湘潭)의 농가에서 태어났다. 그의 아버지는 냉정하고 가혹한 인물이어서 장남인 모택동은 아버지에게 반항적인 아들이었지만 어머니는 인자하고 온화한 인품이었다. 그는 고향의 서당에서 기본적인 한학을 익혔으나 그의 흥미는 유교의 고전보다는 삼국지나 수호지 같은 소설을 많이 읽어서 이야기를 잘하는 이야기꾼이기도 했다. 한학을 수학하다가 고향을 떠난 그는 현대적 교육기관에서 교육을 받기를 원했고

동시에 늘 자기주도적인 독서를 했다. 결국 그는 당시의 명문학교인 호남 제일사범학교에 진학했다. 그리고 그 사범학교에서 만난 양창제(楊昌濟)의 영향을 많이 받았다. 양창제는 일본과 영국 그리고 독일에서 철학을 공부한 엘리트였는데 후일 그의 장인이 된 인물이고 북경대학교 교수로 옮겼다. 그가 북경으로 갈 수 있는 길을 열어준 인물이다. 그가 자라고 성장한 호남성은 민족정신이 투철한 지역이었으며 태평천국의 난을 제압한 증국번(曾國藩,1811-1872)등의 군대인 상군(湘軍)이 이 지역출신들이었다.

1918년 9월에 그가 북경대로 자리를 옮기면서 북경대학 도서관의 보조사서로 일하게 된다. 이때 그의 상관인 이대소(李大釗)는 중국 공산주의의 선구자로 그의 영향을 크게 받는다. 1921년 중국공산당에

창립되었을 때 그는 호남성 대표로 참여하였다. 본래 독서를 좋아한 모택동은 동서양 고전은 물론 당시 최신의 사상이라고 할 수 있는 마르크스주의의 혁명사상을 학습하고 중국 공산당을 설립하는 주역이 되었다. 젊은 시절부터 독서를 좋아했던 그는 신문과 서적을 구입하는데 돈을 아끼지 않았고 늘 도서관에서 독서 삼매에 빠진 사람이었다. 그러나 그가 가장 좋아하는 책은 서양의 고전이 아닌 중국의 '자치통감(資治通鑑)'으로 항상 침상 곁에 두고 즐겨 읽었다. 그의 독서방법은 독서를 위한 독서가 아니라 그 독서를 통해 현실을 문제를 타개하고 자신의 꿈을 이룩하려는 지혜를 터득하는 실천적 실용적 독서였다.

그는 단순한 지식인에 그치지 않고 농민들 속에 들어가 선동하고 투쟁한 실천적 전략가였다. 1934년 4월에 시작된 소위 대장정은 국민당을 피해 그가 홍군을 이끌고 강서성에서부터 섬서성까지 11개의 성을 통과하는데 1년이 걸렸다. 1949년 그가 이끄는 인민해방군이 북경을 점령하고 10월 1일에는 중화인민공화국이 선포되었다. 그는 애초 8만명이었던 홍군은 설산과 초원지대등을 지나면서 또한 국민당군과의 전투등으로 수없이 희생되었지만, 모택동은 그 대장정을 통해 지도력을 인정받았고 신뢰를 받았다. 더욱이 일본군이 중국을 침략하면서 항일전으로 전투의 양상이 바뀌면서 6000명의 생존 홍군 지도부는 새로운 중국을 이끄는 견인차가 되었다. 이 대장정과 항일 연합전선에서의 주도권을 잡았다. 모택동의 군대는 농민이 주축이 된 백성들의 마음을 잡고 견인불발의 의지와 지략으로 국민당을 몰아내고 새로운 중국을 건국하는데 그 역량을 발휘했다.

1976년 9월 9일 생을 마감한 그는 문화혁명의 오류에도 불구하고 중국인들이 가장 존경하는 인물이다.

3. 모택동의 사상

모택동은 전략가이자 정치가이며 동시에 독서가이자 문화인으로 '일자구가(一者九家)'라는 표현하기도 한다.

"위대한 마르크스주의자, 무산계급혁명가, 정치가, 이론가, 군사가, 전략가, 사학가, 철학가, 시사대가(詩詞大家), 서예가(書法家)"[1]

모택동은 독서가로도 유명했다. 독서를 맹목적으로 하는 것이 아니라 반성적, 실천적으로 하였는데 그가 가장 중시한 책은 『자치통감(資治通鑑)』을 비롯한 역사서로, 아침 저녁으로 늘 침대 곁에 두고 읽었다고 한다. 사람들은 그의 권모술수와 지략이 여기에서 나온 것으로 생각하기도 한다. 또한 그는 중국의 소설도 좋아하여 『삼국지연의』, 『홍루몽』, 『수호전』, 『서유기』 등도 즐겨 읽었으며 늘 이야기의 소재로 삼았다.

모택동을 표현하는 글귀 중에 흔히 쓰이는 것은 '인민을 위해 복무한다.(爲人民服務)"라는 구호이다. 그의 개인의 이익이나 그의 작은 집단의 이익이 아니라 국가와 국민을 위해 헌신하며 지도자는 마땅히 그런 정신으로 임해야 한다는 일종의 '살신성인(殺身成仁)'으로 중국을 영도했다고 중국인들은 그를 규정하고 있는 것이다.

오늘날 중국의 현대사상을 말하면서 '모택동주의' 곧 Maoism은 하나의 단어로 정착되었다. 그것은 모택동 개인의 것 이라기보다는 오늘의 중국현대사상을 대표하는 상징성도 갖는다. 모택동주의란 무엇인

1) 趙大義, 『毛澤東』, 中央文獻出版社, 2006.p.5.

가? 첫째 공산주의 사상이다. 1978년 개혁개방을 했지만 중국은 여전히 공산주의 국가다. 시장경제인 자본주의 시스템을 도입한 것이 사실이지만 지금도 공산당 일당체제이며 당-국가제도를 유지하고 있다. 중국의 공산주의는 다른 나라와는 달리 농민중심의 공산주의였다. 제국주의와 특권층 그리고 봉건 지주계급에 대한 농민혁명을 바탕으로 공산화해 성공했다. 마르크스의 유물론, 계급투쟁과 폭력혁명 이론을 중국의 실정에 맞게 적용한 공산주의 사상이 바로 모택동주의의 핵심이다.

둘째 그의 사상은 실사구시의 실천주의 사상이다. 모택동은 유교적인 도덕정치 보다는 진시황제나 한비자와 같은 법가사상을 선호했다. 또한 중국의 사상인 역학, 노자장자의 역설의 이론을 공산주의의 변증법과 결합시켜 현실개혁의 이론으로 응용하였다. 현실에는 항상 모순이 존재하며 그 모순을 극복하는 것이 혁명이다. 그는 광범위한 독서를 통하여 다양한 사상을 취합하여 자신의 시대가 처한 중국의 문제를 철저히 분석하여 중국의 실정에 맞는 실천사상을 중시했다.

오늘날 중국이 경직된 공산주의가 아니라 유연한 경제정책을 쓰는 것은 바로 이러한 모택동의 실용주의적 사상과 무관하지 않다. 한쪽에서는 북한을 군사적 혈맹으로 중시하면서 한편으로는 한국과 무역을 하는 것, 이러한 명분과 실리를 동시에 추구하는 것이 실사구시를 통한 중국의 전략이자 철학이라고 할 수 있다. 이것이 모택동주의의 새로운 응용이다.

손문의 사상
(孫文, 1866-1925)

중국을 여행하다 보면 거의 모든 지역에 중산공원(中山公園)이 있다. 중산은 손문의 아호이다. 그의 무덤은 남경에 있는데 이를 중산릉(中山陵)이라고 부른다. 릉이라는 명칭이 누구에게나 붙이는 것이 아니라, 옛 왕들의 무덤에 붙이는 이름인데, 왕릉과 같은 이름을 붙인 것으로 보아 중국인들이 존경하는 강도가 얼마나 큰 지 가이 짐작할 수 있다. 내가 방문교수로 재직하는 상하이의 복단대학으로 가는 길에 일선로(逸仙路)가 있는데 이 또한 손문의 다른 이름이다. 대만에서는 손문은 '국부(國父)'로 존중되고 있으며, 대륙에서는 '위대한 혁명의 선행자'나 '위대한 애국주의자'로 부른다.

1. 손문의 생애

손문은 1866년 광동성 향산현(지금의 중산현中山縣)의 농가에서 태어났다. 어린 시절 서당공부를 했다. 그의 고향은 태평천국의 난을 주도

한 홍수전의 고향이자 유신변법의 개혁사상가인 강유위의 고향이기이도 한 점에서 진보적이고 개방적인 분위기였다. 손문은 '도만흥한(倒滿興漢)'의 기치를 내건 홍수전을 좋아했고, 자신이 제2의 홍수전이 되는 것을 어린 시절부터 꿈꾸었다. 다른 지역에 비해 서구인들과의 접촉이 많았고 포르투칼령 마카오와 영국령 홍콩의 지척에 있었다. 어린 시절이지만, 소년시절에 형이 거주하는 미국의 하와이로 건너가서 영어권 고등학교를 졸업하고 기독교와 서구문화에 대해 잘 알게 되었다. 이러한 서구의 경험은 중국의 현실이 얼마나 시대에 뒤떨어지고 빈곤한지를 깨닫게 했고 현실을 타개하려는 의지를 가지게 했다. 3년 동안의 미국경험을 통해 그는 완전히 미국문화에 감탄했고 민주주의제도를 신뢰하게 되었다. 하와이를 비롯한 북미 일대는 손문의 혁명에 있어서 중요한 병참기지와 같은 의미를 가졌고 재미 화교들은 손문을 지원했다.

하와이에서 돌아온 그는 1884년에 홍콩에서 미국의 개신교 목사로부터 세례를 받고 기독교도가 되었다. 광주(廣州)의 박제의학교(The Medical School of Canton)와 홍콩의 의학교에서 5년 동안 의학을 공부하고 의사의 자격을 얻고 마카오에서 개업했지만 그의 꿈은 일반의사보다는 중국을 치료하는 정치에 있었다. 또 일본에 망명하면서 일본의 실력과 사정을 잘 파악하고 일본식 시스템을 공부하기도 했으며, 식민지 조선에 대해서도 동정적이고 우호적이었다. 그는 서구식 민주주의에 대해 확신을 가지고 있었으며, 청일전쟁 이후 청 왕조를 타도하는 것이 순리라는 것을 깨닫고 흥중회(興中會)등을 통해 청(淸)왕조의 전복을 기도했다. 1911년 신해혁명은 무창봉기를 통해 성공하고 1912년 1월 손문은 새로운 중화민국의 임시 대총통이 됨으로써 청조의 선통제(宣統帝)가 퇴위한다. 그러나 군사적 기반이 취약한 손문은 대총통의 자리를 원세개(袁世凱)에 넘기고, 원세개는 애초의 약속과는 달리 개혁세력을 탄압하고 그 스스로 1915년에 연호를 홍헌(洪憲)이라 하고 하늘에 즉위의식을 올리고 황제의 자리에 오른다. 이처럼 신해혁명은 성공하지는 못하였지만 그러한 왕조타파는 손문이 상징하는 사상적 가치라고 볼 수 있다.

그렇다고 해서 손문이 중국의 가치를 져버리고 서구를 동경하는 인물은 아니었다. 그는 중국의 유구한 역사를 존중하였고, 특히 강권정치가 아닌 도덕정치를 통해 이웃나라의 존중을 받은 중국의 오랜 문치의 전통이 병력과 무력에 의존하는 서구열강의 그것보다 앞선 것으로 중국적 가치에 대해 재인식하고 그것에 기반을 둔 서구의 합리적 시스템을 수용하려고 했다. 그러면서도 그는 서구나 일본에 대해서 배워야 할 것이 많다고 인정하는 실용주의적 생각을 했다.

2. 시대적 배경

중국은 4억의 한족들이 6백만에 불과한 만주족 왕조인 청나라가 근대까지 통치를 하다가, 서구의 열강과 일본에 의해 반식민지가 되는 수치를 당했다. 1840년 아편전쟁은 아편반입으로 인한 영국과의 전쟁이었는데 청은 패배하여 굴욕적인 남경조약을 맺고 홍콩을 할양하고 상하이의 조계(租界)는 사실상 유럽의 영토가 되는 등 반식민지의 입장이 된다. 더 나아가서는 1894년 청일전쟁에서도 패하여 중국이 허울뿐인 종이 호랑이임이 들어나게 되었다. 서구의 실력을 가늠하지 못하고 열강들에 의해 유린당하고 또한 청조에 대한 다수 한족들의 민족의식은 그야말로 청조를 내우외환의 도가니 속으로 몰아 넣었다. 여기에는 군함과 대포로 무장된 열강의 침략 이전에 국제정세를 모른 채 활과 대검의 기술로 장교를 채용하는 청의 시대착오도 있었다. 그들 청나라의 관료귀족들은 국제정세와는 아랑곳없이 아편 · 뇌물 · 매관(賣官) · 도박 · 나태 · 일부다처(一夫多妻) 등 온갖 부정적인 삶에 매몰되어 있었다.

이런 상황에서 왕조를 탈피해서 서구식 민주공화국으로 나라의 시스템을 바꾼다는 것은 여러 가지로 어려운 일이었다. 이러한 미증유의 국가적 위기에서 서구식 민주공화제를 수용하고 260년에 걸친 만주족의 지배가 청산되는 것은 역사적 흐름이었다.

손문이 창시한 국민당이 대만의 장개석에게 계승되었지만, 중국공산당의 지도자들도 손문의 노선에 대해 지지하고 새로운 중국의 상징적 인물로 수용했다.

오늘날 손문의 상징성은 바로 중화인민공화국의 민족주의적 바탕이 되며, 동시에 대만과 홍콩을 두 체제이면서 하나의 중국으로 보는 중화민족주의의 상징이 되는 것이다. 손문은 오로지 중국의 자국만을 위한 폐쇄적인 국수주의는 아니다. 왜냐하면 그는 세계주의가 인류의 보편적 가치인 것이기는 하지만, 식민지 혹은 반식민지 상태에 있는 나라가 자신의 민족의 자주성을 펼치지 못하고 세계주의 일변으로 나간다는 것은 올바른 세계주의가 아니라고 갈파했다. 그러기 때문에 손문의 민족 · 민권 · 민생이라는 것은 일견 중국중심의 중화사상의 연장인 것처럼 보이지만, 그 진실은 봉건주의나 제국주의에 맞서기 위한 중국민족의 역량결집이었음을 알 수 있다.

3. 손문의 삼민주의(三民主義)

삼민주의, 곧 민족주의 민권주의 민생주의에서 중국은 민족주의로 독립해서 세계주의로 나아가야 함을 역설했고, 민족의 단결을 위해서 그와 뜻을 달리하는 사람들도 포용하는 정치적 능력을 발휘했다.

그의 민족주의는 제일 먼저 만주족 청나라에 대한 지배를 반대하는 것에서 시작하였다. 그러나 신해혁명 이후로는 만주로부터의 민족주의가 아니라 외세로부터 민족평등과 민족자존을 의미하는 것이 되었다. 그는 청나라의 왕조를 유지한 채 유신 변법의 방법으로는 중국의 민족주의는 소멸한다고 생각했다. 그는 당시의 시대정신인 세계주의가 나쁜 것은 아니지만 민족주의가 없는 세계주의는 무의미하다고 하였다. 예를 들자면 가난한 노동자가 대나무 작대기로 짐을 나르며 간간이 살아가는데 오로지 희망은 복권이 당첨되는 것을 기다리고 사는데, 그 복권을 대나무 장대 속에 넣고 다녔다. 어느 날 그는 대망의 복권이 당첨되고 드디어 가난한 생활을 면하게 되었는데, 그 순간 그는 복권이 들어있는 대나무 장래를 필요 없다고 하여 내 던져 버린 것과 같다. 복권이 당첨되는 일은 세계주의지만 복권이 숨겨진 대나무는 민족주의라는 것이다. 곧 민족주의가 필요하지 않다고 버리는 세계주의는 비현실적이라고 갈파하였다.

중국이 만주족에게 망한 것은 민족의식이 사라져 버렸기 때문이었다. 그리고 이제 서구열강으로부터 치욕을 당하는 지경에 이른 것도 그러한 위기의식의 결여에서 출발한다. 민족의식을 일깨워야 중국이 국가로서 부흥할 수 있다고 보았다.

그는 중국민족이 부흥하기 위해서는 일본으로부터 배워야 한다고 생각했다. 일본의 위상이 높아지면서 동양인의 지위도 격상되었다고 보았다. 그는 일본이 1905년 노일전쟁에서 이기고 1884년 청일전쟁에서 이긴 것을 긍정적으로 보았다. 손문은 중국이 오랫동안 가족주의와 종족주의에 얽매어 국가와 민족의 거시적 차원을 갖지 못했다고 지적했다. 그러나 가족주의와 종족주의야 말로 또한 민족주의로 나아갈 수 있는 바탕이 된다고 하여 그 의의를 과소평가하지 않았다.

손문의 민족주의는 중국민족의 자부심을 새롭게 일깨우는 일이었다. 그는 중국은 주변국의 존경을 받았으며 주변국의 독립성을 인정했다고 한다. 예를 들자면 조선왕조는 중국의 주변에 있었지만 늘 독립국으로 존재했으며, 중국이 망하고 일본이 강국이 되었을 때 조선은 망했다고 진단한다. 이렇게 중국은 유럽이나 일본의 열강과는 달리 평화를 사랑하는 민족이었고, 기술에 있어서도 화약, 종이, 인쇄, 도자기, 비단, 홍교 등 유럽문명을 앞섰고 사상에 있어서도 유럽의 새로운 사상이라고 하는 것도 알고 보면 이미 중국에 존재했던 사상이라고 하여 중국민족의 자부심을 자각하도록 했다.

그러나 이러한 훌륭한 지식기반에도 불구하고 당대의 중국인들이 아무데서나 침을 뱉고, 방귀를 뀌며 손톱을 깍지 않는 등의 기본적인 예절의식이 부족하여 천하게 취급받은 것은 수신(修身)의 부족이라고 하여 이에 대한 각성을 촉구하기도 했다. 그는 미래의 중국을 위해서는 유럽과 미국의 기술을 받아들이되 뒤쫓아 가는 기술이 아닌 최선두를 경쟁상대로 하여 일류국가로 부흥해야한다는 꿈을 제시했다.

중국의 민권주의도 군주제에 대한 반대개념이라고 할 수 있다. 세계의 역사는 신권(神權)에서 군권(君權)으로 그리고 민권(民權)으로 진행한다. 그는 티베트와 같이 달라이라마가 왕이되는 제도는 신권(神權)통치로 사라질 것으로 예측했다. 그는 민권이란 하늘로부터 주어진 것이 아니라 시세와 조류에 의해 조성되는 것이라고 하였다. 그는 이러한 민권사상은 중국고유의 민본사상, 특히 맹자의 사상에서도 찾을 수 있다고 했다. 그의 민권사상은 특이한 점은 민권의 무한한 자유를 누리는 것이 아니라고 지적한 점이다. 자유는 개인의 무한자유가 아니라 국가의 자유를 의미한다. 국가의 자유를 위해서는 개인의 자유가 희생될 필요도 있는데, 가령 군인이 엄한 군율을 지키지 않을 때 국가보위가 위험해 지고, 학생들이 규율을 지키지 않을 때 국가교육이 무너진다고 하면서, 자유와 방탕을 구분했다. 개인의 자유보다는 한 국가가 다른 국가로부터 자유로울 때 진정한 자유의 의미가 있다고 한다. 그리고 자유란 공기와 같은 것이어서 중요한 것이지만 그 고마움을 느끼지 못하는 것처럼 중국에는 공기처럼 이미 자유가 있기 때문에 자유를 문제시 하지 않는다고 한다.

민권의 구체적 지표는 선거권이다. 국민이 가질 수 있는 권한은 선거권이외에 파면권, 창제권, 복결(複決)권이 필요하다. 그리고 정부는 삼권(입법, 사법, 행정)에 고시권과 감찰권을 갖추어야 한다. 국민의 네 가지 권리와 정부의 다섯 가지 권리가 서로 균형을 이룰 때 의미가 있다고 진단한다. 국민의 네 가지 권리란 거대한 정부의 권리를 통제하는 제동장치이므로 민권은 민주주의의 제도를 위해 필요하다. 손문은 이처럼 중국을 일류국가로 만들기 위해 유럽과 미국의 민주주의를 도입하지만 중국의 실정에 맞게 맹목적인 자유평등이 아닌 민권사상으로 민주주의를 표현했다.

민생주의는 사회주의적인 사상이다. 그는 공산주의를 중국의 대동사상과 같은 뜻으로 이해했다. 공평하게 분배하는 방법은 자본주의 체제에서는 제약이 있다고 본다. 왜냐하면 자본주의는 돈을 버는 것을 목적으로 하지만 민생사상은 백성을 부양하는 것을 큰 목적으로 하기 때문이다. 그에게 있어서 민생과 민권을 위해서는 무엇보다도 지권평균(地權平均)의 사회가 되어야 하고 농민들이 대다수인 당대에 특히 경자유전(耕者有田)의 실천을 의미였다. 그의 민생주의는 의식주의 문제로 수억의 인구를 먹고 살 수 있도록 하는데 그 목적이 있었다. 그러므로 순수한 공산주의도 서구유럽의 자본주의가 아니라 손문이 처한 그 시대의 문제를 해결하는 백성의 부양에 그 목적이 있었다.

홍수전의 사상
(洪秀全, 1814-1864)

중국사람들은 중국의 별명을 신주(神州)라고 한다. 신주란 상당히 종교적인 이름인데 천국(天國)이란 말과 유사할 것이다. 지상천국이 바로 중국이라는 인식이 깔려 있다.

홍수전은 19세기 청조가 아편전쟁에 패배하여 중국의 자부심이 무너지고 중국 경제뿐만 아니라 민심까지도 이반될 때, 청조를 반대하고 한족의 국가를 세우고 종래의 봉건제도를 타도하고 농민이 중심이 되어 평등하게 살자는 기치를 내걸었다. 그런데 그는 특이하게도 자신의 왕조를 태평천국(太平天國, Great Peace Heavenly Kingdom)이라고 이름 붙였고, 자신을 하느님의 둘째 아들이자 예수의 동생이라고 자처했다. 아마도 당시 기복신앙이 강한 농민들에게 홍수전은 재림예수와 같은 존재로 각인시키려고 했을 것이다.

홍수전의 생애

홍수전은 1814년 광동성(廣東省) 화현(花縣)의 평범한 농가에서 태어

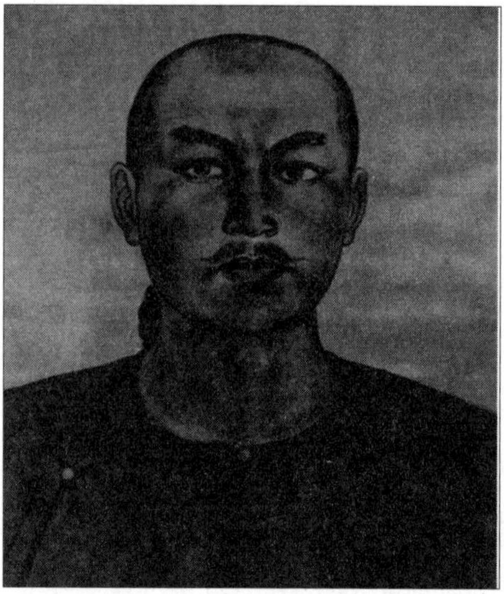

났다. 어린시절 고향의 서당에서 기본적인 교육은 물론 유가의 사서삼경 등의 고문을 익혔다. 홍수전은 고위 관료가 되고 싶은 열망으로 과거시험에 네 번이나 응시했지만, 자신의 뜻을 이루지 못했다. 1837년 세 번째 과거시험에 낙방한 그는 40여일 동안 병이 들어 시달리다가 상제의 둘째 아들임을 깨닫고 태평세계를 이끌라는 천명을 받았다고 한다.

그러다가 그는 서양의 문물에 관심을 가지고 기독교의 가르침을 받아들여 '하느님을 경배하는 모임(拜上帝會,The Society of God Worshipper)'를 조직하고 태평천국의 기틀로 삼게 된다. 1850년 겨울에 수 만명이던 배상제회는 1853년에는 수십만으로 급속하게 성장한다. 모든 사람이 하느님 앞에 평등하고 권리를 누려야 하며, 그러기 위해서는 봉건제도를 타파해야한다고 주장한다. 이는 기독교의 박애정신과 유사하지만, 자신을 하느님의 둘째 아들 곧 예수의 동생이라고 자처한 것은 기존의 기독교 교리와 다른 대단히 중국적인 감각이라고 할 수 있다.

홍수전이 지향하는 태평천국은 남부 중국을 중심으로 15년간 지속되었지만, 이내 청나라 왕조에 의해 토벌됨으로서 결국 태평천국은 좌절되었다. 1864년 홍수전의 사망으로 태평천국은 막을 고했다.

홍수전의 종교

그는 배상제회를 조직하였는데, 상제란 부귀, 빈천, 남녀를 구분하지 않고 신분을 뛰어 넘어 모두가 평등하게 함께 모시는 대공부(大共父)라고 했다. 그에게 있어서 상제는 기독교에서 출발하기는 하지만 이러한 개념이 이미 중국에 존재했었다. 천(天)이나 도(道) 혹은 상제는 오랜 중국의 종교적 개념으로 그는 이를 융합했다. 따라서 자신은 상제의 아들이기 때문에 예수를 천형(天兄)으로 하고 자신은 예수의 동생이라고 자처하였다.

그는 실지로 세상을 양분하여 선과 악으로 나누고 기독교와 이단으로 나누는데, 그가 적으로 삼은 것은 청나라 왕조와 관료, 귀족 그리고 그들의 정신적 배경인 불교·도교와 같은 중국의 기본적인 전통사상을 '염라요(閻羅妖)'로 보고 타도의 대상으로 삼았다. 심지어 훈장까지도 했던 그가 공자타도의 기치를 든 것도 유교마저도 기독교와 다른 이단종교로 취급했음을 알 수 있다. 그는 유가가 주장하는 삼강오륜은 일방적인 복종을 강요하는 것으로 평등하지 않은 사상으로 비판했다.

어린 시절 유교적 교양을 익히고 과거시험을 통해 관료가 되려했던 그가 유교를 비판한 이유는 청조가 유교를 이용하여 중국을 지배했기 때문이다. 명나라와 마찬가지로 청나라는 과거제도를 통해 한족들에게 귀족이 될 수 있는 기회를 주었으며 귀족들은 청나라의 군주를 옹호하고 유교의 예교를 통해 지배했다. 홍수전이 유교를 비롯한 중국의 전통적 종교를 우상으로 파괴한 것은 거기에는 이런 지배 시스템이 작동하기 때문이었다. 만주족을 옹호하는 이런 세력을 홍수전은 '요(妖)'라고 하여 척결의 대상으로 삼았다.

이에 반해 홍수전이나 손문은 기독교의 신앙을 배경으로 하여 혁명사상을 이끌었다. 중국의 혁명과 자주독립을 외치는 이들에게 전통사상은 적이 아닐 수 없었다.

그의 종교관은 매우 배타적이어서 중국인들이 숭배하던 전통적 종교와 사상을 미신과 우상으로 낙인찍고 타파해야 될 것으로 간주했고, 상제를 신앙하면 현실속에서도 또한 종말의 순간에도 구원을 받을 수 있다는 종말론적인 종교사상을 가졌다. 이러한 선교방침은 큰 성공을 거두어 신도의 수가 급증하였다. 그는 하늘에서 옥새와 칼을 하사받았으며 이러한 자신의 운명은 요괴를 쳐부수고 새로운 세상을 건설하라는 하늘의 뜻이라고 선전하였다.

홍수전의 소위 '도만흥한(倒滿興漢)의 기치는 이민족인 청나라를 타도하자는 것으로 이후 손문의 소위 '오랑캐를 몰아내고 중국을 회복하자(驅除韃虜 恢復中國)'는 구호의 선구였고 모택동에게도 영향을 주어서 중국의 민족주의 다시 말해서 한족이 중심이 된 민족주의 운동에 큰 자극을 주게 되었다. 여기서 중요한 것은 천하가 만주족의 황제의 천하가 아니라 상제의 천하라는 주장이다.

그가 주창한 모든 사람이 함께 평등하게 사는 세상은 종래의 신분사회 혹은 봉건사회를 벗어난 혁신적이 제안으로 영향을 끼쳤다. 『원도성세훈(原道醒世訓)』이라는 저술에서 그는 '천하의 남자는 모두 다 형제이며, 천하의 여자는 모두 다 자매이다.'라고 하여 인간의 평등성 특히 남녀평등을 주장하였다. 태평천국의 여성들은 각종 노동에 종사하고 전투에도 참여하였다. 여성 전투조직은 이마에 붉은 색을 칠하고 가죽신을 신었다. 이들은 여성의 전족, 창기(娼妓), 매매혼을 금했으며 태평천국군은 부녀자의 집에 들어가지 못하게 하여 간음과 강간 등이 없도록 철저하게 기율을 유지했다. 이런 점에서는 그의 집단이 부도덕하고 부패한 것과는 거리가 먼 엄격한 도덕적이고 청교도적 신앙이 깔려있었다고 볼 수 있다. 태평천국군에서 여성전사들의 활약이 대단했으면서도 간음과 음란행위를 철저히 금지했기 때문에 조직 자체 내에서도 비교적 스캔들이 없었고, 민간인들에게도 해를 끼치지 않았다고 한다.

그들은 신도들에게 사유재산을 금하고 모든 물품을 평등하게 공동으로 사용하면서 태평천국군의 기반을 닦았다.

태평천국

1851년 1월 홍수전은 자신의 38회 생일을 맞자 '태평천국 원년'을 선포하였다. 그리고 자신을 '천왕(天王)'이라 하였다. 남경을 천경(天京)으로 개칭하고 태평천국의 수도로 삼았다.

태평이란 『춘추공양전(春秋公羊傳』에서 거론한 이상세계다. 인류의 역사는 거란세(據亂世)와 승평세(昇平世) 그리고 태평세(太平世)로 진행하는데 그 궁극의 꿈의 세계는 태평세상이라는 역사관에서 나온 개념이다. 천국은 기독교의 신앙을 표현한 단어이다.

사유재산을 금지한 대신 '천조 전무제도(天朝 田畝制度)'를 반포하여 토지의 균분과 생산물의 공동분배를 시행하여 농민들의 환심을 샀다.

전답을 함께 경작하고 음식을 함께 먹으며 옷을 함께 입고 돈을 함께 사용하여 균등한 삶을 사는 것이 태평천국의 이상이라고 할 수 있다. 이런 혁명적 사상과 행동은 지주들의 저항과 진압에 직면하였지만 반대로 농민들의 입장에서는 희망의 메시지였다.

그러나 그의 태평천국은 자체내의 부패와 증국번(1811-1872)의 호남성 군대에 의해 와해되었으며 유럽 열강들은 청나라를 지지했다. 그들의 주장은 중국전통과 달랐고 지주들의 이해와 맞지 않았다.

홍수전이 주장했던 태평천국의 혁명은 정치적으로 의의는 있지만, 그 결집요인에는 기복신앙이 깔려 있어 종교를 이용한 신비주의가 있다는 점에서 과거의 종교를 통한 반란과 유사하다고 볼 수 있다. 그는 상당한 설득력과 명분을 가지고 민중들과 소통했지만, 지나치게 종교적인 나머지 정치적인 체계를 갖추지 못하고 개인적 영감에 의존하고 결국은 분열되어 실패로 끝나고 말았다.

오늘날 중국에서는 홍수전의 태평천국을 청조에 대한 반감에 호소하였기 때문에 사특한 반란사건으로는 보지 않는다. 이는 나름의 명분과 민족주의 애국주의가 있었다고 평가하는 것이다. 하지만 그는 실패했기 때문에 홍수전에 대한 반감이 덜할 뿐이지 홍수전을 영웅처럼 보지는 않는다. 다만 손문과 모택동의 이후 중국혁명에 큰 영향을 준 것은 사실이다. 종합적으로 보자면 태평천국의 혁명은 당시 중국민중의 대다수를 차지한 농민혁명으로 평가할 수 있다.

홍수전은 혼란한 중국근대의 상황에서 한족이 중심이 되는 민족주의와 반봉건주의의 기치를 내걸고 중국을 개혁하려는 의지를 가지고 태평천국을 이끌었던 영웅이었지만, 결국은 실패한 영웅이었다.

강유위의 사상
(康有爲, 1858-1927)

강유위의 생애

강유위는 1855년 광동성(廣東省) 광주부(廣州府) 남해현에서 태어났다. 사람들은 그를 서초산인(西樵山人) 혹은 남해(南海) 선생이라고도 불렀다. 어린 시절 아버지를 잃은 그는 조부의 슬하에서 전통유교교육을 받았다. 18세 이후 주차기(朱次琦)라는 명망 있는 학자에게 배웠으나, 21세 이후에는 서초산(西樵山)의 백운동에 들어가 정좌하고 명상하면서 또 독서를 하면서 『대동서』를 구상했다. 그가 태어난 시대는 홍수전이 태평천국이 지나 간 지 7년이 되는 때였다. 1833년(25세) 향시에 응시하여 실패하고 고향에 돌아가 당시 번역된 서양의 서적을 통독하였다. 그는 서구화가 시세의 대세임을 인지했으나 중국의 실정에는 전면적인 혁명보다는 점진적인 개혁이 필요하다고 생각하였다.

1895년 4월에 진사에 급제한 강유위는 중국의 청일전쟁 이후 굴욕적인 화의에 분개하여 당시 북경의 지식층을 모아서 연명으로 상서한 것이 「공차상서(公車上書)」이다. 이러한 일련의 상서는 황제인 광서제에게 전해졌다. 그의 상서의 요지는 '거화(巨和) 부국(富國) 양민(養民) 변법(變法)의 각항을 들고 변법과 부국이 우선임을 주장하였다.

그는 유교사상을 새롭게 해석했는데 그 바탕은 금문경학(今文經學)과 공양학(公羊學)에서의 학문상의 논거를 찾았다. 1889년 광동에 만목(萬木)초당을 설립하여 양계초, 진천추(陳千秋) 등의 우수한 제자를 길렀으며, 『신학위경고(新學爲經考)』, 『공자개제고(孔子改制考)』 등을 집필하였다.

강유위의 변법운동은 광서제에게 수용되고 드디어는 무술변법의 획기적인 개혁의 기회를 가지게 된다. 그는 첫째 "정입헌(定立憲), 개국회(開國會), 군민정치(君民政治), 만한불분(滿漢不分)을 실시하는 입헌군주제를 주장했으며, 둘째 지식을 널리 세계에서 구하여 일본 서적의 번역과 유학생 파견을 주장하였으며 셋째, 구 과거제도를 대신하여 신과거제도를 수립할 것과 넷째, 부녀의 전족 금지와 음사를 없애고 구체적 방책으로 우선 내각제 창시와 기타 운수, 천도 등에 관한 주장을 펼치고자 했다. 그의 이러한 개혁은 서태후를 정점으로 하는 보수파들의 반발로 좌절되고, 그는 양계초와 더불어 일본으로 망명하여 보황당(保皇黨)을 결성하여 광서제를 옹립하고자 하였으나 대세는 강유위 대신 손문의 혁명파로 넘어가게 되었다.

무술변법이란 1898년 6월 11일 광서제(光緖帝)의 '국시를 분명히 정하는 조치(곧 明定國是)'가 나오고부터 같은 해 9월 21일 서태후(西太后)가 광서제를 유폐하는 쿠데타(戊戌政變)가 발생하기까지 103일간에 이르는 개혁을 들어 이것을 무술변법 혹은 백일유신이라 부른다. 일본으로 망명한 그는 보황회(保皇會)를 조직하여 입헌군주제에 입각한 중국의 개혁을 주장하였다. 1927년 그는 청도에서 향년 70세로 병사했지만 그의 생애에서 보여준 치열한 고뇌는 중국 근대화에 큰 영향을 미쳤다.

강유위의 사상

1) 변법유신

중국의 전통적인 문화관과 가치관, 역사관을 바꿈으로써 중국 근대 정치운동과 사회혁명의 원동력을 만들고자 했다. 변법유신파는 기본적으로 서구의 실력을 인정하고 서구로부터 배우려는 중체서용(中體西用)의 기술중심의 양무론(洋務論)에는 한계가 있었다. 통치 시스템이 개혁하지 않는 한 중국은 미래를 기재할 수 없었다. 변법유신이란 과거에 머물지 않고 중국을 제도적으로 개혁하려는 입장이다. 시대의 추이에 맞게 임금과 백성이 일치되는 '군민일치(君民一致)'와 '상하일심(上下一心)의 세상을 만들기 위해서는 의회제도가 필요하다고 보았다. 이를 위해 봉건전제군주제에서 입헌군주제로의 전환을 시도했다. 부국강병과 동시에 민권평등의 사상도 들어 있었다. 그러나 강유위는 청조의 왕조의 정통성을 견지하면서 서구 및 일본에서 부국강병의 모델을 찾으려고 해서 체제내의 개혁이라는 한계가 있었다. 유신이라는 말 자체가 일본의 메이지유신의 유신에서 유래한다. 그들의 적수는 손문들의 혁명파가 아니라 체제내에 있는 수구보수파였고 그들의 보수세력에 의해 개혁은 성취되지 못했다.

2) 대동사회의 구현

1902년 그의 나이 45세에 완간한 『대동서(大同書)』에서는 역사를 해석하기를 거난세(據亂世)인 전제정치에서부터 승평세(升平世)인 입헌군주정치가 행해지는 소강(小康)으로 그리고 마지막으로 역사의 이상은 태평(太平)의 세인 공화정치 곧 대동세(大同世)로 순차적으로 진화한다고 보았다.

대동사회는 평등한 사회이다. 여기서는 신분적인 차별이나 남녀의 차별이 없다. 대동사회는 하나의 국가단위가 아니라 국가를 넘어선 세계주의적 공동체이다. 그는 국가가 존재하는 한 전쟁은 불가피한 것이므로 일국을 위한 애국심은 공심이 아닌 사심으로 보았다.

대동사회는 사유재산이 금지되고 모든 것이 공유된다. 가족과 국가를 넘어서야 인류의 이상이 실현된다. 이러한 그의 대동사상은 인민공사의 공(公)의 사상으로 계승되었다.

그는 괴로운 세상에서 극락세계에 이르는 노정을 다음과 같이 제시했다.

갑부(甲部); 이 세상의 많은 괴로움이 있음
을부(乙部); 나라의 경계를 없애고 세계를 통일함
병부(丙部); 계급적 차별을 없애고 모든 민족을 평등하게 함
정부(丁部); 인종의 차별을 없애고 인류를 동일하게 함
무부(戊部); 남녀의 차별을 없애고 독립을 보유토록 함
기부(己部); 가정의 경계를 없애고 모든 사람을 사랑함
경부(庚部); 재산의 경계를 없애고 모두 공적재산으로 함
신부(辛部); 어지러운 세계를 없애고 태평의 시대를 만듬
임부(壬部); 사람과 다른 생물간의 경계를 없애고 중생을 사랑함
계부(癸部); 고통의 세계를 제거하고 극락의 세계에 이름

3) 공자교

강유위는 개혁에 관한 이념을 서구의 사상에서 아니라 중국의 전통 사상인 유교의 재해석을 통해 시안을 내어 놓았다. 고문경학의 공자해석은 진정한 공자의 정신이 아니며 위경(僞經)이라고 하였으며, 공자사상의 핵심은 탁고개제(託古改制)라고 했다. 여기에서 금문이란 진시황제의 분서에도 불구하고 후학들에 의해 암송되어 정리된 예서(隸書)였다. 그러나 이 금문은 기원전 2세기 공자의 옛집 벽에서 고문인 고본이 발견되면서 중시되지 않았다. 금문의 주요 요지는 고증학보다는 공자의 미언대의(微言大義)를 중시하는 것이다. 그리고 공자를 중국의 영원한 스승으로 생각하고 중국을 새롭게 구제할 수 있는 교주로 존숭하여 서구의 기독교를 대신하는 공교(孔教)를 주장했다. 그의 공자해석은 전통적인 고문이 아닌 금문(今文)에 의거하고 있다.

강유위는 공자는 보수적인 인물이 아니고 개혁적인 면을 담지한 사상가라고 하면서 새로운 경전해석을 하고, 공자를 신성시했다. 1912년 강유위가 지도하는 공교회가 성립하였다. 이 교회는 기독교의 영향을 받은 것으로 공자를 유일한 교주로 삼고, 인의 가르침을 인류애로 해석했지만 유교에 없는 교회조직을 통해 서구의 기독교문화에 대응하고자 했다. 1913년 중화민국의 대총통에 오른 원세개는 강유위의 건의를 받아들여 존공복례(尊孔復禮)의 치리를 내걸고 공교회를 통해 공자의 정신을 회복하고자 했다.

강유위가 대동사회를 주장한 것은 홍수전이나 손문의 주장이 만주족을 타도하고 한족의 나라를 만들자는 민족주의에 대응하는 점도 있었다. 청나라의 황제체제를 유지하면서 개혁을 추진하던 그에게는 모든 민족이 그 경계를 넘어서서 하나가 되는 사상이 필요했다. 이러한 대동사상은 그의 시대보다는 오늘 한족이 소수민족을 지배하는 구조에서 필요한 세계주의의 사고방식이라고 할 수 있다. 공자교는 기독교에 대응하는 방식이기는 했지만 금문경학을 통하여 시도했던 그의 방식은 설득력이 부족했다. 이러한 사상적 약점에도 불구하고 강유위의 변법유신의 개혁은 이후의 중국근대화에 큰 영향을 미쳤다.

증국번의 사상
(曾國藩, 1811-1872)

최근 중국에 와서 서점가를 보면, 증국번에 관한 책이 스테디셀러로서 독자들의 관심대상이었다. 그에 대한 연구서들이 쉬임 없이 나오고 있으며 거의 위인이나 문무겸비의 재상으로 간주되고 있다.

증국번은 청나라 말기의 태평천국의 난이 있었을 때, 이를 평정한 인물이다. 만약에 태평천국을 주도했던 홍수전이 없었더라면, 아마도 증국번의 업적은 빛나지 않았을 것이다. 그가 모집한 의병은 상군(湘軍)이라고 하는데, 상(湘)은 호남성을 가리키는 말이다. 증국번은 몰락한 만주의 팔기군을 대신하여 청나라에서 가장 강력한 무장집단이었던 상군과 회군을 실질적으로 지휘할 수 있었다. 태평천국군을 진압한 후 황제에 즉위하라는 청을 수 없이 받았으나 모두 거절하고 끝까지 청조의 충신으로 남았다.

홍수전이 농민들과 피압박민중들에게 새로운 세계를 제시한 인물이라고 한다면, 증국번은 전통의 중국을 지키려고 한 인물이라고 할 수 있다. 홍수전이 기독교의 하느님 앞의 평등을 내세운 인물이라면,

증국번은 관료와 기득계층의 권위를 존중하고 사람간의 위계질서를 존중한 유교적 사상으로 무장한 인물이기 때문이다. 홍수전이 청나라를 타도하고 새로운 왕국을 세우려고 시도한 반면 증국번은 한족이면서도 만주족 청나라의 왕실의 권위를 존중하고 이를 지켰던 인물이라고 할 수 있다.

증국번이 살던 시대는 중국이 미증유의 위기 속에서 내우외환을 겪던 시기이다. 그는 양무운동(洋務運動)의 선구자로 동도서기(東道西器)의 태도를 취하기는 하지만, 그것은 어디까지나 중국의 전통을 수호하면서 서양의 과학기술을 받아들이자는 것이기 때문에 일본과 같은 서구화나 유신으로 발전하지 못했다. 이는 보수적 왕조가 버티고 있는 이상, 중국은 혁명적인 변화를 기대하기 어려웠으므로 그의 정치사상이나 사회사상은 유교를 바탕으로 한 개선주의라고 할 수 있을 것이다.

그는 과거에 급제하였고 관립 학술기관인 한림원 에서 일하면서 자신의 학문을 좀 더 갈고 닦았다. 이때 성리학에 대한 여러 편의 논문을 남겼으며 강유위와 더불어 공양학의 시조로 평가받고 있다.

또한 개인 증국번은 매우 절제하고 자기 규칙이 있는 사람이다. 그가 현대 중국인들에게 인기 있는 이유는 성공하기 위해서 자기규칙을 만들어가는 방법을 제시하는 것이라 할 수 있다. 예컨대, 아침에 일찍 일어나는 버릇, 매일 독서하는 버릇을 비롯한 그의 매뉴얼이 가정교육이나 처세술 그리고 경영전략 등으로 오늘날에도 유효하다고 보고 있는 것이다.

예를 들자면 그는 매일 12가지를 실천하면서 자기단련을 했는데, 그것아 자기를 닦는 법 12가지다. 그는 매일 일기를 쓰면서 자신의 습관을 고치고 단련했다.

"몸가짐을 경건하고 엄숙하게 했는가.
고요히 앉아서 품성을 닦았는가.
아침에 일찍 일어났는가.
독서에 집중했는가.
역사책을 읽었는가(하루에 자세히 10페이지를 읽자).
말은 신중했는가.
참된 기운을 잘 길렀는가 (참된 기운은 단전가운데 축적되어 있다. 안팎으로 광명정대(光明正大)하여서 행동하는 바가 추호도 부끄러움이 없어야 한다.)
신체를 잘 관리했는가.
매일 신학문을 공부했는가.
매월 오랜 기능을 닦으며 매월 시문을 몇 편씩 쓰는가.
글씨 연습을 식사 후에 했는가.
밤에 외출하지 않았는가."[2]

이점에서 증국번의 사상은 개인수양과 성공처세법 그리고 군사전략이라고 할 수 있다.

증국번의 사상이란 유교사상이고 그 가운데서도 개인적 수신(修身)의 사상과 주자학적 존왕양이(尊王攘夷)의 사상에, 처세술과 병법을 중시했으니 순수한 유생은 아니고 두 가지를 종합한 인물이라고 볼 수 있다.

---

2) 曾國藩, 『轉世文典』, 「挺身」"修法 12課" '1. 持身敬肅 2. 靜坐養性 3. 早早起床 4. 讀書專一 5. 閱讀史書; 每天仔細讀史十貝 6. 說話謹愼, 所謂禍從口出, 這是修身內聖最重要的功夫.7. 保養眞氣. 眞氣存畜于丹田之中, 徹里徹外光明正大所作爲豪無羞于對人說之處 8. 愛護身體 9. 每天都應獲知新學問 10. 每月不可荒疏旧技能 每月寫作畿篇詩文 11. 寫字. 飯后寫半个時辰的字 12. 夜晚不出屋門'

청대의 사상

옹방강(翁方綱,1733-1818)의 사상

완원(阮元,1764-1849)의 사상

강희제(康熙帝,1654-1722)의 사상

왕선산(王船山, 1619-1692)의 사상

고염무(顧炎武, 1613-1682)의 사상

옹방강의 사상 (翁方綱, 1733-1818)

옹방강의 자는 정삼(正三) 호는 담계(覃溪) 혹은 소재(蘇齋)로 대흥현(북경) 출신이다. 내각학사가 되었다. 글씨는 당(唐)의 해행(楷行)과 한비(漢碑)의 예법(隸法)을 배우고 일가를 이루었다. 특히 금석(金石), 비판(碑版),법첩학(法帖學) 등을 즐겨했고, 넓은 식견과 정밀한 연구로 이름이 났다. 양한금석기(兩漢金石記), 난정고(蘭亭考), 당비선(唐碑選) 등 우수한 논문을 저술하였다. 또한 경학, 사학, 문학에도 조예가 깊고 『복초재문집(復初齋文集)』 시집 석주시화(石洲詩話) 등의 저술이 『옹씨소재총서(翁氏蘇齋叢書)』에 모아져 있다.

옹방강은 중국 청대의 저명한 서예가이며, 금석학자이자 경학사상가로 흔히 실학적 고증학을 한 학자이다. 그는 진사시에 합격하여 『사고전서(四庫全書)』[3]의 찬수관을 지내고 내각학사(內閣學士)를 지냈으며

3) 『사고전서(四庫全書)』는 1773년 (건륭 38년) 중국 청나라 건륭제의 명으로 1781년 (건륭 46년)에 편찬 및 완성된 중국 최대의 총서이다. 전 3,503부 79,337권에

벼슬을 했지만, 박학다식한 실학자였다. 중국의 역대 저명한 서예가들의 필법을 익혀서 그 나름의 아름다운 서법을 개발한 명필가이기도 했다.

안진경, 구양순, 왕희지 등 중국의 역대 서예가들의 필법이 담아있는 금석들을 찾아 이를 발굴하고 또 그 스스로 이 필법을 구사하였다. 그는 금석학적 방법을 통해 관념론적인 주자학을 벗어나 실사구시적인 경전해석을 추구하였고, 유교의 중요경전에 대해 연구하고, 시에 대해서도 연구하였는데 특히 그는 역사와 철학도 시적인 문장으로 기록하였다.

이런 옹방강을 중국에서는 금석학이나 고증학자로보다는 서예가로 보는 경향이 강하다. 그를 청나라 시대의 대표적인 사상가로까지 보지 않기 때문에 옹방강의 경학사상이나 실학사상에 대한 연구는 거의 없는 실정이다.

그러나 한국에서는 박제가, 김정희 등의 조선후기 실학파를 실사구시파로 분류하여 높이 평가하고 있는데, 이들 북학의 원류를 옹방강에 둠으로써 그의 위상은 중국에서 보다도 한국에서 훨씬 높으며, 추사 김정희의 서예를 한국 최고의 걸작으로 알아주는 현실에서 그의 스승격인 옹방격의 서예 역시 한국에서는 높은 평가를 받고 있는 것은 특이한 사실중의 하나이다.

특히 옹방강은 우리나라의 북학자인 박제가 그리고 박제가의 제자인 추사 김정희에게 매우 존경을 받았던 학자로, 우리나라의 금석학과 실학의 발전에 큰 영향을 끼쳤다. 김정희는 그의 당호를 '보담재(寶覃

달한다. 사부의 책의 표지는 각각 경부(녹색), 사부(적색), 자부(청색), 집부(회색)로 색깔로 구분되어 있다. 광범위한 자료를 망라하고 있으며, 자료의 보존에 막대한 공헌을 했다.

齋)'라고 하여 담계를 보배로 여긴다고 하였다. 옹방강 부자는 김정희에게 진귀한 문서들을 보내주었는데 송탁화도사비(宋拓化度寺碑) 모각본, 육유의 시경(詩境)탁본, 원사현천관산제영(元四賢天冠山題咏) 등등이다. 김정희 역시 신라무장사비탁본(新羅鍪藏寺碑拓本), 신라 쌍계사비. 고려 영통사 대각국사비, 태봉산 비첩본 등을 옹씨 부자에게 보내주었다. 김정희가 북한산의 도선국사비를 신라 진흥왕 순수비라고 밝힌 것은 이런 고증학을 바탕으로 논증했다. 그들의 질문방식은 첫째로 학문자료의 객관적인 수집이었다. 그는 역대의 비문이나 청동기 등에 새겨진 글을 중요한 학문자료로 보고 역사적인 장소를 직접 찾아가 이를 탁본하고 혹은 필기하여 분석하면서 객관적으로 학문을 했다. 이것이 중국에서는 고거학(考據學), 금석학(金石學)이라고 하는 학문분야에 개척자적인 역할을 했다.

옹방강이 가장 중점을 두었던 것은 금석학이라고 할 수 있는데, 이 금석학이란 돌과 금속에 쓰여진 기록들을 분석하는 일이기 때문에 여기서는 무슨 사상과 철학을 논하는 것이 아니고 대단히 중립적인 일종의 고고학자와 같은 태도를 취하고 있다. 그래서 엄격한 의미에서는 어떤 가치관을 제시한 것도 아니지만 전통적인 유교사상이 의리 곧 대의명분을 제시하였든 그는 문장에 있어서 '문리(文理)'를 중요시 했고 그의 표현대로 하자면 '위학필이고증위준(爲學必以考證爲準), 위시필이기리위준(爲詩必以肌理爲準).' 곧 학문은 반드시 고증으로 표준을 삼고, 시는 반드시 기리(肌理)로 표준을 삼는다."했다. 여기에 바로 실학정신을 볼 수 있을 것이다. 학문은 어떤 선입관과 편견을 가지고 하는 것이 아니라 철저한 객관적 자료를 가지고 해야 한다는 것이다. 무엇을 연구하는 학자가 이미 어떤 결론과 선입관을 가진 채 학문을 한다면 그것은 곡학아세(曲學阿世)가 될 것이고 진리에 접근하지 못할 것이다. 여기서는 바로 근대적인 학문정신인 객관성과 과학성이 엿보이며 이것이 다름 아닌 실사구시(實事求是)적 실학사상의 하나라고 볼 수 있다.

일견 무미건조하고 답답한 것 같지만, 옹방강의 학문은 과학적 객관적임과 동시에 서예와 시를 통해서 인생을 즐길 줄 아는 예술적인 풍미를 가지고 있다. 이것은 그의 제자라고 할 수 있는 박제가나 김정희 등을 비롯한 조선조 후기 한국 실학사상에 큰 영향을 미쳤으며 한국에도 고증학이 새로운 학문방법으로 떠오르게 함으로써 근대지향적이고 과학적임과 동시에 경전의 근본정신을 찾는 풍조. 그리고 무엇보다도 금석학 등을 통해 역사자료를 찾는 등의 학문방법을 유행하게 하였다.

완원의 사상
(阮元, 1764-1849)

추사 김정희에게 완당(阮堂)이란 호를 준 사람이 바로 완원이다. 완원(1764-1849)은 청나라의 소위 '건가성세(乾嘉盛世)'에 있어서 매우 중요한 학자라고 할 수 있다. 그는 강소성 양주(揚州)출신으로 일찍이 벼슬에 올라 50년간을 고위직에 있었으며 지방관으로 옮겨다닐 때 마다 그 지방과 관련된 문헌을 수집하고 분석하여 소위 청대 고증학의 중심에 있었다.

그는 대진(戴震)과 마찬가지로 실학적인 관점으로 했는데 그의 입장은 철저히 '실사구시(實事求是)'의 태도였다. 어떤 편견과 어떤 이데올로기적 관점으로 사물을 보는 것이 아니라 마음을 비우고 객관적으로 사물을 있는 그대로 보고 진리를 구하자는 과학주의적 태도를 취했다. 그러므로 그는 종래의 송명이학(宋明理學)의 관념주의를 벗어나 경험주의적 태도를 가지고 학술활동을 했다. 그의 학술활동은 다양한 박학적 방법이었고, 서지학적 고증학적 방법으로 경전을 분석했으며 경전뿐만 아니라 모든 실제적 사물에 대해서 연구하고 관심을 가졌다. 그러나 그의 사상이 대진(戴震)과 다른 점은 의리학을 결코 낮게 평가하지 않았고, 진정한 의리학을 위해서도 객관적인 실사구시의 학문방법이 필요하다고 하였다.

> "성현의 도는 경전에 있는데, 경전은 훈고를 통하지 않으면 밝혀지지 않는다. 경전을 버리고 학문을 하면 그 학문은 실질이 없는 것이다. 훈고를 버리고 경전을 구하면 그 경전은 진실이 없다. 학문을 위한 자는 오히려 훈고에 매료되는데 하물며 성현의 도를 구함에서랴."[4]

그는 다소 방대하고 지리한 서지학적 분석 작업을 했는데 그 가운데서 최대의 작업은 절강성(浙江省)에서 근무하면서 출간한 『양절유헌록(兩浙輶軒錄)』 40권이며 강서성(江西省)에 근무할 때 간행한 『십삼경주소(十三經注疏)』라고 할 수 있다. 그가 일생을 통해 발간한 책은 3000권을 넘은 방대한 것이다. 다만 수집하기에 그친 것이 아니라 그 내용의 잘잘못을 분석하고 밝히는 문헌학적 작업이 병행되었음은 물론이다. 그는 서적의 중요성을 한결같이 강조했다. 그는 인생의 소견이란 수십년에 불과하기 때문에, 장차 후세 사람들로 하여금 오늘을 보게 하고, 마치 오늘 우리가 과거를 보듯 그렇게 하려면, 성현의 일을 전해야 하고 문충(文忠)의 상세함을 기록해야 하는데 이것은 책이 아니면 불가능한 것이라고 하여 그가 자료를 모으고 발간하는 작업의 의의를 말하고 있다.

오늘날 중국의 다양한 문헌들이 망실되지 않고 계승되고 있는 것

---

4) 阮元, 『揅經室一集』권2. 「似國史儒林傳序」

은 바로 이런 완원과 같은 학자들의 기록과 탐구정신에 바탕을 둔 것이라고 해도 과언이 아닐 것이다. 그는 청년시절 주자학에 몰입했지만 정심성의(正心誠意)와 천인(天人) 성명(性命)의 의리학이 불필요하다는 것이 아니라 객관적인 문헌연구가 이러한 의리학을 위해서도 기본이 된다고 보았다.

그러나 알고보자면 시대의 흐름은 공허하고 관념주의로 흐르는 송학으로는 새로운 시대를 감당할 수 없다는 인식이 있었고 도덕일변도의 학문도 문제가 있었다. 그래서 완원의 학은 고증학이자 실학이며 실사구시의 학이고 박학을 바탕으로 한 것이다. 그는 의리학을 반대하지는 않는다고 했지만, 도덕중심의 학문을 탈피하여 다양한 자료를 수집하고 이를 통해 사상적인 것도 말해야 하는 실학적 태도를 견지했으므로 탈주자학적 실학자라고 볼 수 있을 것이다.

그는 마음을 비우고 객관에 충실하며 실사구시를 주장하고 어느 한 파의 설에 치우치지 않았다. 이러한 그의 사상은 조선후기의 김정희와 같은 실사구시파와 궤를 같이하는 것으로 의의가 깊다.

강희제의 사상
(康熙帝, 1654-1722)

오늘날 중국은 청나라시기에 확보했던 국경을 그대로 유지하고 있다. 만주족의 청나라는 사라졌지만, 청나라의 왕조를 물리치고 신해혁명을 통해 강희제에 의해 확보했던 영토와 강희제에 의해 정리된 전적과 문물의 발전은 중국의 발전에 크게 이바지하고 있다.

1. 강희제의 생애

강희제의 이름은 애라각신 현엽(愛羅覺新 玄燁)이다. 1654년 순치제(順治帝)의 셋째 아들로 자금성에서 태어났다. 그는 요즘 말하는 다문화 가족이었다. 아버지는 만주족이었지만 어머니는 한족이었고 할머니는 몽골족이었는데, 그는 학문을 사랑하면서도 유목민들의 강건한 기질을 잃지 않고 사냥을 즐겼고, 백성들과 접촉하는데 망설이지 않았다. 사냥을 좋아했던 그는 소박한 옷을 입고 사냥터에서 직접 요리를 하기도 했다. 큰 키에 균형 잡힌 몸매를 가졌으며 매부리 코, 그리고 천연두를 앓았던 곰보였지만 매력 있는 미남이었다고 한다. 그는 북경에 궁을 두고 있었지만 남중국을 여섯 번이나 직접 찾았으며, 평생을 신하들과 함께 국정을 논의하는 조회에 빠지지 않았다. 뛰어난 기억력을 가졌던 강희제는 지적 호기심이 많아 서양의 선교사들로부터 수학을 배우기고 하고 하프시코드를 연주하기도 했으며, 우연히 만난 사람의 이름까지도 그리고 한번 배운 것들을 잘 기억했다고 한다. 위엄 있는 군주이지만 동시에 온순한 학생처럼 열심히 공부한 사람이다.

강희제는 청나라의 4대왕으로 황제의 제위기간이 61년으로 중국의 기록상 가장 오래 통치를 한 인물이다. 그의 아들인 옹정제와 손자인 건륭제는 청나라 최고의 전성기 소위 강건성세(康乾盛世)를 누렸는데 그 기반을 강희제가 마련했다. 그는 어린 시절 부모를 잃은 관계로 9세에 왕이 되었고, 14세에 직접 나라를 통치하였다. 그는 1681년 운남의 오삼계(吳三桂), 광동의 상가희(尙可喜) 그리고 복건의 경계무(耿繼茂)등 번왕들의 삼번(三藩)의 난을 평정하고 왕권을 강화했다. 당시 강희제가 통치하던 중국의 한족(漢族)인구는 1억 5천만이었고 만주족은 100만에 불과하였다. 하지만 강희제는 중국의 국토를 완전히 장악하여 여기저기서 준동하는 반정부 세력을 제압하고, 서쪽으로는 티베트를 중국으로 편입시키고 북으로는 내몽고를 그리고 흑룡강 주변을 장악하여 러시아를 견제했고, 1683년에는 대만을 중국으로 편입시켜 국방을 안정시켰다. 후세에는 그를 천고일제(千古一帝)라고도 하고 강희대제(康熙大帝)라고 부를 정도로 그 위상이 높다.

그는 아들 36명과 딸 20명을 두었는데 만주족들은 장자에게 왕위를 계승하지 않고 능력있는 아들에게 계승되는데, 애초에 세운 황태자를 폐위시키고 넷째 아들 옹정제가 뒤를 이었다.

2. 강희제의 업적

1) 태평성세의 성취

그는 애초부터 안정된 나라를 물려받은 것이 아니라 한족의 번왕들에게 의지하는 매우 취약한 상태에서 통치를 하면서 탄탄대로가 아닌 간난신고(艱難辛苦)를 통해 한족들의 반란을 제압하고 동시에 정적들을 포용하면서 청나라의 전성시대를 이루었다. 종전의 제국들이 한화(漢化)정책을 쓴 것과는 달리 그는 각 종족의 고유문화를 존중하는 다원적 통치방식을 적용했다. 말하자면 한족들에게는 내성외왕(內聖外王)의 유가적 군주로 다가갔고, 몽골족과 티베트족에게는 현세를 주재하는 문수보살로 다가갔다. 또한 서양의 선교사들에게도 문호를 개방하여 서양의 학문까지도 선입견 없이 수용하려고 했다. 이런 정책 때문에 청나라는 비록 만주족이지만 중국의 주류가 한족들이었으므로 전통적인 유교사상에 입각해서 통치를 했고, 학문을 사랑하여 폭넓게 공부하고 항상 신하들과 논의하였던 문무겸전의 왕이었다. 그의 기본정책은 정통유가의 대일통(大一統)을 가장 중요시하였다. 그는 중국의 학문을 발전시키는데도 큰 공헌을 했는데, 한자사전인 『강희자전(康熙字典)』, 『고금도서집성(古今圖書集成)』, 『명사(明史)』등을 비롯한 전통중국의 사상과 여러 방면의 실학적 서적을 정리하는데도 진력했다.

문화적으로 다른 만주족과 한족의 융합을 위해서 두 음식을 한 식탁에 차리는 만한전석(滿漢全席), 자신은 근검절약하면서도 민생을 위해서는 아낌없이 투자한 그의 리더십은 난세를 평정하고 청나라의 태평성세를 맞이하게 했다.

2) 문무겸전(文武兼全)

명나라의 황제들이 자금성 밖으로는 모습을 드러내지 않았던 것과는 대조적으로 강희제는 외곽의 처소인 장춘원에서 황궁으로 돌아가는 모습을 일반 백성들이 볼 수 있도록 하였다. 때때로 평범한 복장을 하고 하루 종일 말을 타고 사냥을 하면서 만주족 관원과 한군(漢軍)의 자제들을 황제의 사냥에 동행시켜 힘들고 고된 경험을 하게 하였다. 文을 숭상하는 한족에 대하여 문무를 겸한 정체성을 기마와 궁술 등을 통해 보여준 행동이라고 할 수 있다.

강희제는 전통적인 팔기군 체계에 엄격한 규율을 적용하여 장군이 전쟁에 나가 병사들과 함께 돌아오지 않으면 참수하고, 병졸들이 자신의 부대와 같이 돌아오지 않으면 그 병졸 역시 참수하여 군사들이 일심단결하도록 했다.

그가 성리학적 표준을 가지고 통치에 임했지만 그것에 매몰되지는 않았다. 예를 들자면 남편이 죽자 따라 죽는 열녀를 표창하자는 제안에 대해 그는 생명존중의 뜻을 비추면서 남편을 따라 순장시키는 풍습은 황당무계한 일이며 이를 표창하는 것은 잘못된 것이라고 비판했다. 성리학적 예절이라고 해서 무조건 수용하는 것과는 사뭇 다른 진실한 사고방식이 엿보인다.

이러한 활동적인 그였지만 학문을 좋아하여 관학(官學)이자 정학(正學)으로서의 성리학을 학문의 표준으로 했고 글씨를 잘 써서 유명한 숭산 소림사의 현판과 같은 것도 남아있다. 또한 당, 송 시대의 전시(殿試)를 발전시켜 박학홍유과(博學鴻儒科)를 두어 한족의 인재들을 등용시켰다. 그러나 만주족에 비판적인 학자는 가혹하게 다루고 금서로 지정하는 등 탄압도 서슴치 않았다.

3) 국궁진력(鞠躬盡力)

그의 통치스타일은 우선 자신의 관리에 철저하여 사치와 향락에 빠지지 않았고 마음과 지혜를 잘 닦아 61년간을 통치하며 청나라의 성세를 만들었다. 자신에게는 엄격했지만 타인에게 관용적이었는데, 기독교의 선교사들을 박해하지 않고 이를 수용하여 스스로 서양의 과학기술을 배울 정도로 호기심을 가졌으며, 한족 지식인들에 대해서도 인내심을 가지고 존중했고, 중국의 전통문화를 공부하고 존중하여 만주인으로서의 약점을 극복했다.

항상 부지런함(謹)과 신중(愼)함으로 정책에 대해서 열심히 공부하고 토론하여 신중히 정사를 함으로써 대제국의 기반을 세웠다. 그의 일생의 좌우명 가운데 가장 중요한 특색은 '국궁진력(鞠躬盡力)'이라고 요약할 수 있다. 삼국지에서 나오는 제갈량의 출사표에 '몸을 낮추고 모든 힘을 다하고 죽은 다음 쉬겠습니다.(鞠躬盡力 死而後已)'라는 비장한 각오를 표현하는 글에서 인생관과 가치관의 덕목을 배우고 있다. 왕이라고 해서 깊은 궁궐에서 높이 있는 것이 아니라 "몸을 굽혀 최선을 다한다."는 정신으로, 자신의 정성과 최선을 다하여 성세를 지향했다. 그는 왕이기는 했지만 백성을 위한 왕이었다. 그는 고별상유(告別上諭)에서 '한가지 일에 부지런 하지 않으면 온 천하게 근심을 끼치고, 한 순간에 부지런하지 않으면 천추만대에 우환거리를 남긴다.' 하여 매일매일 순간순간 진인사대천명(盡人事待天命)의 정성을 다해서 방심하지 않고 제국을 관리했다.

오늘날 중국의 지도자들이 벤치마킹으로 배우는 리더십은 바로 강희제라고 할 수 있다. 어떻게 하면 한족만이 아닌 다양한 소수민족들을 중국이라는 하나의 국가로 화합시킬 것인가의 해답을 강희제에게서 찾는 것이며, 비록 대국이라 하더라도 마음을 열고, 끊임없이 배우고 논의하고 논의를 거듭해서 나라의 정책을 신중히 결정하는 것은 다름 아닌 강희제의 '국궁진력(鞠躬盡力)'과 '만한일체(滿漢一體)'의 연장선상에 있는 것이다.

康熙帝

왕선산의 사상
(王船山, 1619-1692)

왕선산은 왕부지(王夫之)라고 한다. 그가 살던 시기에 명나라의 신종이 자살함으로서 명나라 왕조가 망하고 청나라로 교체되었다. 그는 청나라를 반대하고 명나라를 부흥시키려고 노력했지만 결국은 그의 꿈을 접었으며, 은둔해 버렸다. 먹과 종이를 살 수도 없는 생활고를 겪으면서도 결코 청나라의 벼슬을 거부했으며, 오랜 시간이 지난 청말에야 그의 저술들이 세상에 알려지게 되었다. 만년에 상서(湘西)의 서쪽 석선산(石船山)에 은거하면서 살았기 때문에 사람들이 선산(船山)선생이라고 이름했던 것이다.

최근 중국(中國) 호남(湖南) 악록서사(嶽麓書社)에서는 1988년에서 1996년까지 장기간의 계획을 세워 그동안의 각종 판본들을 참고, 대조하여 엄밀한 교열과 정확한 표점작업을 하여 획기적인 전 16책의 『선산전서(船山全書)』를 출간하였다.

저서에 『독통감론(讀通鑑論)』, 『송론(宋論)』, 『황서(黃書)』, 『악몽(噩夢)』, 『소수문(搔首問)』, 『주역외전(周易外傳)』, 『사서훈의(四書訓義)』등이 있다. 그의 많은 저서는 대부분 청조(淸朝)에 의하여 금압(禁壓)되었는데, 19세기 후반에 같은 후난 출신인 증국번(曾國藩)에 의하여 『선산유서(船山遺書)』라는 이름으로 간행되었다. 특히 『황서』는 청말의 혁명가들에게 큰 영향을 끼쳤다. 시문에도 능하여 『시탁(詩鐸)』, 『석당영일서론(夕堂永日緖論)』 등의 시론도 남겼다.

『독통감론(讀通鑑論)』은 송(宋) 사마광의 『자치통감』에 의하여 역대의 사실(史實)을 논평한 것이다. 군주의 전제에 반대하여 자유 평등을 역설하고, 정치 · 경제 · 문화의 전반에 걸쳐 이론을 전개하고 있으며, 명조 쇠망에 대한 반성이 담겨 있다. 『송론(宋論)』은 송조 일대(宋朝一代)의 흥망을 논평한 것이다.

명말 청초의 위대한 사상가는 흔히 세 사람을 꼽는다. 사학의 대가로 황종희(黃宗羲), 경학(經學)과 고거학(考據學)의 대가로는 고염무(顧炎武) 그리고 철학의 대가로 왕선산(王船山)을 꼽고 있다. 왕선산이 살던 시기에는 양명학이 유행하였는데 그는 관념적인 심학을 비판하고 경세치용의 실학을 주장했다. 그는 양명학에 대해서는 반대했지만 송명유학의 전통을 계승한 학자이다.

왕선산은 유교의 경전을 분석하고 그 의미를 새롭게 조명했다. 그리고 그것은 과거의 답습이 아니라 새로운 차원의 해석이었다. 그의 저술방식은 훈고(訓詁), 장구(章句), 의리(義理)의 삼단계로 종합운용했다. 예를 들자면 『예기』를 설명할 때 주자가 『예기』에서 「대학」과 「중용」을 빼어내어 버렸지만, 왕선산은 이 「대학」과 「중용」이 바로 『예기』의 중심사상이라고 했다. 나머지는 이 중심사상을 활용한 것이라고 해석했다.[5] 그는 이를 철학적으로 「대학」과 「중용」은 체(體)요 나머지는 용(用)이라고 설명했다. 뿐만 아니라 각 편에도 체용(體用)관계로 분석한다. 예를 들자면 「예운(禮運)」이 체(體)요, 「예기(禮器)」는 그 용(用)이다. 「표기(表記)」가 체(體)요 「방기(坊記)」는 그 용(用)이며, 「대학」이 체(體)요 「학기(學記)」는 그 용(用)이라고 분석한다.

그의 중요한 철학사상은 기론이다. 그는 '기즉허(氣則虛)'의 이론에 따르면 이(理)는 다만 기(氣)가운데 있다. 구체적인 사물에 벗어난 추상적인 도(道) 혹은 이(理)란 있을 수 없다는 점을 강조했다. 그는 말하기를 "천하에는 오직 기(器)만이 있을 따름이다. 도는 기(器)만이 있을 따름이다. 도는 기(器)의 도이며 기(器)는 도의 기(器)라 부를 수 없다."라고 했다. 여기에서 자칫하면 그의 사상을 유물론으로 오해할 우려가 있는데 기(氣)란 물질이 아니다. 서양철학에서 말하는 물질은 생명이 없는 물건을 말하는 것이지만 왕선산이 말하는 기(氣)는 생명력을 가지고 움직이는 것이어서 이를 유물론으로 보는 것은 문제가 있다.

---

5) 陳章錫, 『王船山禮學思想』, 花木蘭出版社. p.10.

고염무의 사상
(顧炎武, 1613-1682)

고염무는 중국 명나라 말에 태어나 청나라 초까지 살았던 지식인이다. 그는 강소성 곤산(昆山)에서 태어났고 그가 살던 시기에 명나라의 신종황제가 자살하고 청나라가 중국을 장악하고 만주족에 의해 중국이 지배받던 시기다. 그는 명나라 때는 과거에 응시해 생원이 되었지만 문과에는 급제하지 못했다. 그러나 청나라의 집권시에는 줄곧 반청복명운동을 희망하면서 저항적인 자세로 살았다.

그가 태어나고 자란 곤산은 소주(蘇州)지방으로 경제적으로 발전된 곳이며 명나라 말에는 상업과 금융의 중심지였다. 이런 분위기가 농업위주의 전통사회를 벗어나 근대시민사회의 새로운 흐름을 주도했던 지역적 특성을 가지고 있다. 또한 소주지역의 동림당(東林黨) 사람들은 정치적으로 세 가지 특색을 가지고 있었는데, 첫째는 언론자유를 주장했고, 둘째는 중론(衆論)을 국시로 하자는 것이며 셋째는 선거제도를 통해 천하를 공평하게 하자는 것이어서 상당히 당시에는 앞선 지식인들의 분위기를 가지고 있었다. 왕조시대의 일방향적 전제주의에 반대했던 것이다.

고염무가 살던 시대는 과거의 구름 잡는 식의 관념적 학문으로는 급한 현실 문제를 해결하기가 어려웠기 때문에 실용적인 사상으로 전환이 이루어지던 때였다. 특히 마테오 리치 등 선교사들을 통해 소개된 서양의 자연과학적 지식은 명말청초의 지식인들이 실용적인 경세사상으로의 전환을 촉구했다고 할 수 있다.

1. 고염무의 생애

그의 가족들은 청나라 군대의 직접적인 피해를 입었으며, 정서적으로 일생동안 반청의 자세와 울분을 지니며 살았다. 그의 모친은 유언으로 "내가 비록 부인이지만 몸은 나라의 은혜를 받았다. 나라와 더불어 죽는 것이 도리일 것이다. 너희들은 다른 나라의 신하가 되지 말아라. 나라의 은혜를 세세로 입었다. 선조들의 유훈을 잊지 말아라."고 하여 혹시라도 청나라의 벼슬을 살지 말도록 당부를 했다. 그 당시 청나라 정부는 과거시험 외에 "박학홍사(博學鴻詞科)"라는 고시를 설치하여 한족 엘리트들을 회유하고 있었다. 그러나 그는 '다른 사람은 다 나갈 수 있어도 나만은 안 된다.'라며 끝까지 거절했다. 그런 권력을 탐하는 자들을 정치 창기(娼妓)라고 하여 경멸하였다.

그의 주요한 저술은 『일지록(日知錄)』 32권으로 전반부는 경학에 대해서 중반부는 정치개혁에 대해서 그리고 후반부는 역사와 천문지리 등에 대해 기술한 당대의 대표적 저술이다.

2. 고염무의 사상

1) 정치개혁

명이 망한 주요 원인의 하나는 지나친 중앙집권에 있다고 본 고염무는 군주의 바람직한 리더십도 또한 정치개혁을 위하여 필요하다고 보았다. 군주는 대복과 고귀한 지위에 있는 만큼 천하를 위하여 수고하고 낮은 자세로 임해야 하며, 사람을 부리기 위해서는 그 스스로 섬길 줄 알며 섬기는 능력을 지녀야 하며, 군주는 물론 그의 가족도 검소하고 근면해야 한다고 주장한다. 문제가 되는 환관들의 수를 줄이기 위해서는 군주가 여색을 멀리하는 것도 언급하고 있다.

또한 명나라의 망국의 원인은 지나친 중앙집권적 구조였다고 보고 지방정부에 권한을 위임하는 새로운 시스템을 주장했다. 그 가운데 하나는 현(縣)의 수령을 그 지역출신에서 선발하는 개혁이었다. 명나라는 지방관을 연고가 없는 외지 사람으로 임명하는 회피제(回避制)를 채용하여 지방세력의 대두를 예방하고자 했다. 그로 인해 그 지방출신들의 서리(胥吏)가 세습하면서 현지사정을 모르는 수령을 속이고 백성을 수탈하는 일이 많았다.

그는 당시 향시에 합격하는 생원들의 역할에 대해 부정적이었다. 서민에게 부과되는 요역을 면제받고 지방관리들로부터 침탈을 당하지 않는 그들은 특권층이라고 보았다. 공익을 위하기 바다는 일신과 일가의 안일을 도모하기만 하고 정상적 행정을 교란하고, 붕당을 만드는 그들에게 기대할 바가 없다고 하였다.

그의 분권론은 명나라가 지방정부에게 군사적 권한을 일정 부분 주었더라면 내부 반란이나 이민족의 침략에 효과적으로 대처할 수 있었을 것인데, 지나친 중앙집권의 체제가 무능한 대처의 원인이었다고 보았다.

2) 경세치용(經世致用)

그는 철저히 관념론적인 성리학에 대해서 비판적이었으며 그것은 유학이 아니라 불교와 도교의 아류이며 비현실적인 논쟁이라고 하여 탈성리학적 학문을 이끌었다. 이기론(理氣論)이나 심성설(心性說)의 근간이 되는 태극도는 도교에서 나온 것이며 체용론(體用論) 또한 불교에서 근원한 것이라고 보았다. 그러므로 성리학은 선학(禪學)이지 공자학이 아니라고 했던 것이다. 그에게 있어서 유학은 경세치용(經世致用)과 박학을 근간으로 하는 실학이어야 하며 그것이 새로운 시대를 이끌 수 있는 사상이라고 보았다.

특히 양명학에 대해서 마음의 '돈오(頓悟)'를 중시하는 주관적 관념론은 학문연구의 객관성이 보장되지 못하고 지식의 축적을 부정하는 것이므로 부정하였다. 그는 자신의 시대의 학문이 현실 문제를 등한시하는 형이상학과 심성론에 매몰되었기 때문에 거의 위진시대의 청담(淸談)과 비슷한 것으로 비현실적인 학문이라고 비판했으며 그것이 바로 명나라의 망국의 한 요인이었다고 지적했다.

그는 경세치용을 위해서 '학문을 널리 배우는 박학(博學)과 고증을 중시했다. 진리탐구는 개인적인 사색이 아니라 경전과 사서에 담겨있는 인륜, 풍속, 제도, 정치 등 현실에 유용한 지식을 배우는 데서 출발한다. 그의 고증학은 일반적으로 과학적이고 객관적이며 엄격하고 치밀하다는 평가를 받았다.

주저인 『일지록(日知錄)』의 내용은 경의(經義), 정사(政事), 세풍(世風), 예제(禮制), 과거(科擧), 예문(藝文), 명의(名義), 고사진망(古事眞妄), 사법(史法), 주서(注書), 잡사(雜事), 병방(兵防), 외국사(外國事), 천상(天象), 술수(術數), 지리(地理), 잡고증(雜考證) 등이다. 여기에서 그의 주제가 되어 백과전서적인 박학적 태도임을 알 수 있고, 이는 하나의 시대적 추이였다고 할 수 있다.

경세치용의 정신은 "하학이상달(下學而上達)"을 학문의 요체라고 본다. 여기에서 하학이란 현실적인 문제, 당면문제의 학문이고 상달(上達)이란 관념적이고 철학적인 문제이다. 그는 우선 학자들이 공부해야 할 것은 현실문제에 대한 것이다. 이 현실을 무시하고 하늘로 오르는 것은 위험하고 또 세상에 도움도 되지 않는다.

따라서 그는 경세치용의 학문은 형이상학적 도(道)보다는 형이하학적 기(器)를 중시했기 때문에 경험론적이고 귀납적인 태도였다. 눈에 보이는 사실 속에 눈에 보이지 않는 도가 들어있다는 생각이다. 그는 주자의 격물치지적 인식론과 수양의 이론을 소중하게 생각했지만 당대의 양명학의 주관적 관념론에 대해서는 비판하고 본래의 수기치인의 유학을 회복하는 것이 근본유교의 정신으로서의 경세치용이라고 보았다.

그는 심(心)과 성(性)만을 논하는 공리공담의 이학을 배척하고 실학을 중시했다. 명대의 심학은 개인적 수양의 체험에 근거한 주관적 인식을 통해 진리 파악을 하려고 했기 때문에 객관적인 사실의 파악을 외면했다. 이점이 바로 명나라의 망국의 한 원인이라고 보았다. 고염무의 연구방법에서는 실지조사와 문헌조사를 통해 자료를 확보하고, 이 자료를 토대로 과학적 논리적으로 결론을 도출하는 방식의 실학의 강조였다. "선비는 마땅히 실학을 구하여야 한다. 천문 · 지리 · 병농(兵農) · 수토(水土)와 전장(典章)의 연고를 불가불 숙고해야 한다."고 했다. 유교의 수기치인(修己治人)은 수기명도(修己明道)와 구세치인(救世治人)을 갖추어야 비로소 그 의의를 갖게 된다.

고염무의 사상은 황종희 왕부지 등의 명말청초 시기의 사상가들의 생각과 궤를 같이 하는 것이며 반주자학적 반청적인 사상을 배경으로 자유로운 사상과 그리고 현실의 문제에 해답을 줄 수 있는 실제적 학문을 모색했던 것이다.

이러한 실학사상은 서양과학의 번역서와 함께 조선에도 전해져서 조선 역시 공리공론의 성리학적인 면들을 탈피하여 실용을 추구하는 경세치용(經世致用), 이용후생(利用厚生) 그리고 실사구시(實事求是)의 고증학과 실학으로 발전에 영향을 주었다.

명대의 사상

숭정제(崇禎帝, 1611-1644)의 시대

황종희(黃宗羲, 1610-1695)의 사상

유종주(劉宗周, 1578-1645)의 사상

왕양명(王陽明, 1472-1529)의 사상

숭정제의 시대
(崇禎帝, 1611-1644)

1. 숭정제의 생애

숭정제는 명나라의 마지막 황제인 의종(毅宗)으로 16세에 이복형인 천계제를 이어 즉위했다. 모친은 궁중의 비녀였으나 그의 5세시 죄를 지어 장살되었다. 이름은 주유검(朱由檢)이며 연호를 숭정(崇禎)이라고 했다. 권력을 휘두르던 위충현(1568~1627)[6] 등의 환관들을 처형하고 부패한 관리들을 숙청하고 눈 밝은 서광계(徐光啓) 등과 같은 이를 고위직으로 등용하고 마테오 리치 등 선교사를 지지하여 서구의 학문과 과학기술을 적극적으로 수용했다. 하지만 안으로는 오래된 병폐인 관료들과 군인들의 당파 싸움, 가뭄에 따른 기근에 이은 농민들의 불만과 반란 그리고 동북에서 발호하는 청의 세력을 제압하지 못했다.

6) 위충현은 온갖 악행을 자행하면서 정직한 대신들을 대규모로 주살하였고 중국 역사상 최대 규모의 환관 모임 엄당(閹黨)'을 결성하였다.

농민군 이자성에 의해 북경이 함락되자 그는 도망가지 않았다. 미리 처첩과 딸들을 죽이고 즉위 17년 만인 33세의 나이에 자금성이 바라보이는 경산(景山)에서 목매어 자살하였다. 그리고 다음과 같은 유언을 남겼다.

> "짐이 등극한지 17년, 역적이 경성을 핍박하니 짐의 보잘 것 없음과 박덕함을 하늘조차 꾸짖는구나. 하지만 이 모든 것은 신하들이 짐을 잘못 이끈 탓이로다. 죽어 지하에서 조상을 뵐 면목이 없으니 짐의 의관을 벗겨 얼굴을 가려라. 도적들이 짐의 시신을 갈기갈기 찢을지언정 백성들을 단 한사람도 상하지 않게 하라!"[7]

---

7) 『明 崇禎實錄』권 17. 史式 저, 김영수 역, 『황제들의 중국사』, 돌베게. 2005.

2. 시대적 배경

이자성(李自成, 1606-1645)의 농민반란군은 극심한 재해에 시달리던 강남으로 진출하여 농민들의 지지를 받았다. 균전(均田), 면세(免稅) 그리고 상거래의 공정을 내세운 이자성의 공약은 엄격한 규율을 가진 반란군들임에도 불구하고 수탈을 당해온 농민들의 여망과 일치하였다.

명나라는 흉작으로 인한 물가의 급등 속에서 군인들도 양식을 확보하지 못해 기근에 시달려야 했다. 강남의 재해는 국가재정 전체에 막대한 타격을 주었다. 살인적인 물가폭등과 기근으로 인해 심지어 '식인(食人)'[8]의 풍조가 있었으며 명의 멸망 이전에 강남은 붕괴되고 있었다.

숭정제가 명왕조를 인계 받았을 때는 이러한 내우외환으로 인해 만신창이가 된 상태였다. 전왕인 만력제나 천계제는 궁중에서 조회에도 참석하지 않고 환관들에게 국정을 맡겼다. 그가 놀라운 정력으로 재건을 꾀했지만 기울어져 가는 나라를 바로 세우기에는 역부족이었다. 반면 후금은 국호를 청(淸)으로 고치고 조선을 침략해 안정시킨 뒤, 1640년에 명에 대한 침략을 본격적으로 시작하였다.

이자성은 서안에 대순(大順)을 세우고 북경까지 점령하여 277년의 종묘사직을 궤멸시켰다. 그러나 그는 한족인 오삼계와 도르곤이 이끄는 청나라 연합군에 의해 제압되었다. 오삼계는 이자성을 물리치기 위해 산해관을 열어 청나라를 끌어들였고 스스로 청나라의 변발을 하였다. 북경에 들어온 청나라의 세력은 이자성을 대신하여 명나라를 이어받게 되었다.

---

p.276. 번역참조.

8) '人相食 草木俱盡 士冠並起'

3. 서학의 채용

숭정제의 시대 이전인 만력제에 이미 이탈리아의 선교사 마테오 리치(Matteo Ricci 利瑪竇, 1552-1610)가 중국에서 활동했는데, 1853년 중국에 온 그는 27년간 활동하다 북경에서 세상을 떠났다. 그는 천문, 지리,수학, 물리, 기계공학 등 실학에 조예가 있었으며, 중국의 유교고전들에 대해서 해박하고 사대부들과도 교류하여 서광계와 함께 『기하원본(幾何原本)』을, 이지조와 함께 『건곤체의』 등을 번역하고 이들 고위관리의 추천에 의해 만력제와도 가까이 지냈다. 그러나 숭정제의 선왕인 만력제는 중화사상의 우월의식 때문에 서양과학에 경탄하면서도 1616년에 기독교의 선교는 금지했다.

그러나 숭정제는 서양과학기술의 가치를 이해하기 위해 서광계로부터 수업을 받으며 과학지식을 익혔다. 그는 서광계(徐光啓,1562-1633)가 세상을 떠난 뒤에 선교사 아담 샬(Adam Schall, 湯若望, 1622-1666)에게 대포를 주조하도록 했고 1636년부터는 전선에 선교사를 파견하여 대포사용법을 가르쳤다. 새로 개정한 시헌력(時憲曆)을 숭정 초년에 사용하였고, 수리 사업으로 민생을 돕고 지식인들에게 수리에 관한 지식을 배우게 하는 실용교육을 장려했다.

서양선교사들은 과학기술을 선교의 수단으로 전파한 반면, 숭정제는 기독교보다는 과학기술에 더 열성을 보였다. 선교사들에 의해 소개된 것 가운데 세계지도는 마테오 리치의 '곤여만국전도(坤與萬國全圖)'인데 이로 인해 세계관이 바뀌게 되었다. 중국이 세계의 중심으로 생각하고 주변을 오랑캐로 보았던 시각은 그들이 인식하지 못하는 넓은 또 하나의 세계가 있음을 알 게 했다. 종래의 하늘은 둥글고 땅은 네모라는 소위 '천원지방(天圓地方)'의 우주관을 뒤 흔들었다. 신대륙에서

유입된 고구마, 감자, 옥수수, 땅콩, 담배 등의 농산물도 농업의 형태에 변화를 주었다.

4. 양명학의 발전

유교와 주자학이 여전히 관학과 정학으로 존숭되었으며 주자의 주석이 가해진 사서가 과거시험의 과목이기도 했다. 생원과 진사시험에 합격한 사람들은 관료가 될 길이 열렸고 부와 명예를 얻을 수 있었다.

명나라 중기부터 양명학이 발전하였다. 왕수인은 일찍이 과거에 급제하여 관리가 되었고 또 환관의 폐해를 지적하여 유배를 가기도 했는데, 그는 주자학의 모순을 지적하고 학문에 있어서 중요한 것은 마음에 있는 양지(良知)를 깨닫는 주체적 각성을 중시했다.

주자학이 객관적 사물을 통해 객관적 지식을 얻는 것에 바탕을 두어 이(理)를 터득하는 것과 대조적으로 양명은 이(理)는 심(心)속에 있다고 보았다. 그는 도교와 불교의 사상도 이단시하지 않았기 때문에 후일에는 선학(禪學)으로 비판받기도 했다.

민간에서는 구어체의 책들이 출판되었는데, 수호지, 삼국지, 서유기, 금병매 등의 소설이 등장한 것도 명대의 일이다.

5. 조선에서 줄곧 숭앙된 숭정제

숭정제가 비극적으로 자살했음에도 불구하고, 조선에서는 존주양이(尊周攘夷)의 상징으로 숭정제가 의례의 대상이 되었다. 병자호란으로 청태종에게 어쩔 수 없이 항복했지만 조선의 지식인들은 청나라를 중화문명의 계승자로 인정하지 않았다. 유교를 통치이념으로 하는 조선에 있어서는 정통왕조는 명나라였고, 마지막 황제인 숭정제의 연호를 그가 세상을 떠난 후에도 계속해서 사용하였다.

효종과 송시열은 청나라를 몰아내자는 북벌의 기치를 들었으며, 효종이 서거하고 나서도 조선의 선비들은 명나라를 진정으로 계승하는 나라는 조선이라고 생각했다. 특히 민간에서 송시열의 뜻에 따라 화양동에서 만력제와 숭정제를 제사지냈다. 연경에 사신으로 다녀온 민정중에게서 '비례부동(非禮不動)'이라는 어필을 선물받고 송시열은 그 글에 백번 절을 하면서 감동했다. 그리고 나무에 세기고 어필을 환장암(煥章菴)에 보관했다. 4년 뒤에는 바위에 이 글을 세겼다. 그는 여덟글자는 첨가하여 '대명천지(大明天地) 숭정일월(崇禎日月)'이라고 썼다. 자신의 공간은 오랑캐인 청나라와는 무관한 명나라의 하늘과 땅이며 죽은 숭정제가 해와 달처럼 그 공간에 지속하고 있다는 뜻이다. 그 뒤에 송시열(宋時烈, 1607~1689)의 뜻에 따라 그의 수제자인 권상하(權尙夏, 1641~1721)가 1703년에 만동묘를 설립한 것이다. '만력신종황제(萬曆神宗皇帝)'와 '숭정의종황제(崇禎毅宗皇帝)'라고 위판을 두고 봄 가을로 제사지냈다. 송시열이 세상을 떠난뒤 그의 제자 권상하는 유지에 따라 숭정제가 세상을 떠난 60년 후 1704년 그곳에 만동묘(萬東廟)를 세웠다.

효종의 손자인 숙종도 궁중에 대보단(大報壇)을 세우고 숭정제가 자살한 3월이면 제사를 올려서 조선이 명나라의 문화를 계승하고 있음을 보여주었다. 이러한 숙종의 뜻에 따라 영조와 정조도 대보단을 중시하고 제사를 지냈으니 중국에서는 이미 잊혀진 명나라의 황제가 조선왕조가 마무리되는 20세기 초까지 숭배의 대상이 되었다.

此心不動

황종희의 사상
(黃宗羲, 1610-1695)

1. 황종희의 생애

황종희는 17세기의 중국의 걸출한 학자이다. 호는 남뢰(南雷).이주(梨洲)이고 자는 태충(太沖)이다. 절강성(浙江省) 여요(餘姚)에서 태어났다. 그는 14세에 부친을 따라 북경에 가서 동림당과 암당(閹黨)사이의 당쟁을 보고 들으면서 시국에 관한 관심을 갖게 되었다. 동림당은 무석(無錫)의 동림서원을 중심으로 정치적 기강을 쇄신하려한 선비집단이었다. 그의 나의 17세에 아버지 황존소(黃尊素)는 환관파들에 의해 옥사하였다. 20세에 유종주(劉宗周)를 스승으로 삼아 양명학의 전통을 계승했지만 실제적인 것을 중시하고 공리공론을 배제했다. 21세에는 숭정연간(崇禎年間, 1628-1644)에 당시의 문학적 결사 '복사(復社)'에 가맹하여 환관파를 배척하는 운동에 참가했다.

본시 벼슬의 꿈을 안고 33세까지 과거시험에 계속해서 네 번 응시했으나 낙방했고, 35세 명나라는 종말을 고했다. 이후 청조에서 한족의 지식인을 회유 우대하기 위하여 행한 박학홍유(博學鴻儒)로 추거(推擧)했지만 거절했으며, 도한 동년 명사관(明史館)의 초빙에도 응하지 않은 채 절조를 지켜 벼슬하지 않았으며 청자라의 치하에서 살다 86세의 나이로 세상을 떠났다.

그가 살았던 시기는 명나라의 말기, 청나라의 초기로 경제적으로 수공업과 상업이 성행하고 도시들이 번창해져 농업사회에서 점차 상공업자들의 세력이 점증되어 가던 때였다. 부민층이 증가하는 판편 정치적으로는 환관 위충현(魏忠賢) 등이 황제의 실권을 잡고 내각을 그들의 사적 기관으로 하여 부패상을 드러내던 시기였다. 사상적으로 송명대의 성리학적인 학풍이 비판을 받으면서 실학적 가치관이 등장했다. 이련 혼란기에 농민들이 대규모의 민란을 일으켰고 급기야는 이자성(李自成)이 농민군을 조직하여 '균전면부(均田免賦)'의 강령을 내세워 명조를 위협하였다. 이러한 반란에 대해 가난으로 고통 받는 사람들이 이를 환영하는 상황이었다. 이자성은 서안(西安)을 서경(西京)이라고 하고 새로운 왕조를 세우려고 하였으나 성공하지는 못하였다.

1644년 황종희의 스승 유종주는 명나라의 멸망에 항의하여 20일간 단식하고 목숨을 바침으로써 지식인의 선비정신을 보여주었다. 황종희는 만주족인 청나라의 중원 진입을 지켜보면서 일체의 정치적 활동을 접고 오로지 저술에만 몰두했다. 그리고 명나라의 망국의 원인을 분석하고 나름의 역사사상을 전개했는데, 그것은 54세에 완성한 『명이대방록(明夷待訪錄)』에 잘 드러나고 있다. 명이(明夷)는 주역의 36번째 괘의 이름이다. 곤(坤)괘가 위에 있고 이(離)괘가 아래에 있는 상태인데 의사는 밝지만 좌절과 압제가 도래했다는 설명을 하고 있다. 군자가 이러한 명이(明夷)의 상황을 맞이하여 응당 간난(艱難)의 상황을 알고 진정성을 잃지 말아야 한다는 교훈을 의미한다. 명이(明夷)의 두 글자는 밝음이 손상 되었다는 뜻으로 명나라 왕조가 망하는 암울한 상황을 가리킨다. 그는 자신의 생애에는 이런 이상이 이루어질 수 없다는 좌절감을 딛고 후대를 기약하며 집필하였다.

1) 민본사상

황종희는 동림당의 비판, 개혁의 사상을 이은 학자로 명나라의 망국의 원인을 군주일인의 전제정치에서 찾았다. 그는 명나라에 대해 그

권위회복을 희망했지만 종래의 봉건사회에 대해서는 비판을 가하였다. 말하자면 임금과 신하의 관계가 "천하의 주인이며 왕은 손님이다."라고 했고, "천하의 치란(治亂)은 한 성씨의 흥망에 있는 것이 아니라, 만민의 우락(憂樂)에 있다."고 하여 백성 중심의 사고를 표현한다.

> "대저 천하의 크기 때문에, 한 사람이 능히 통치하는 바가 아니고 여러 전문가들이 나누어 통치한다. 그러므로 내가 벼슬을 하는 것은 천하를 위한 것이지 임금을 위한 것이 아니며 천하를 위한 것이다. 또 만민을 위한 것이지 한 성씨를 위한 것이 아니다."[9]

황종희의 역사관은 명나라가 망한 것은 사적인 환관통치에 있었기 때문에 이를 극복하기 위해서는 공익적이고 합리적인 시스템이 필요하다고 했다. 왕조시대에 왕이나 왕의 신임을 받은 사적인 정치가 아니라 민을 위해 복무해야 한다. 군주가 권력을 독점하고 공익을 도모하지 않고 사적인 이익에 몰두할 때 그 수하의 선비들이 이에 대해 통제하지 못하고 군주의 사적인 노비로 타락한다면 세상을 구제할 수 없다. 일반인과 달리 군주의 판단이 잘못될 경우는 사소한 것일지라도 그 오판이 백성을 학살하는 일로 이어질 수 있다. 이런 독점적 권력과 권력남용을 억제할 수 있는 것이 세론이며 공론이다. 공론의 주체가 되어야 할 선비라는 사람들이 백성들의 불행과 사회적 불행을 보고 아무것도 느끼지 못한다면 세상에 더덕이 있다고 말할 수 없다.

천하위공(天下爲公)의 사상은 바로 사적인 세상을 벗어나 공공이익을 위함이다. 천하의 이익을 천하에게 돌려주는 것이 公을 이루는 것이라고 역설한다. 한 사람의 군주를 위한 나라가 아니라 백성이 중심이 되

---

9) 『明夷待訪錄』, 「原臣」. '緣天下之大 非一人之所能治 而分治之以群工 故我之出而仕也 爲天下 非爲君也.'

는 것이 정의이며 공정한 논리이다. 군주는 백성을 기르는 책임을 가졌기 때문에 개인적인 향락과 개인의 권리에 매몰되어서는 안 된다.

군주가 백성들의 소리를 듣지 못하고 도탄에 빠져있는 민중들을 방치한다면 천하위공의 원리에 어긋난다. 관리의 존립목적도 백성과 천하를 위한 것이지 군주 한 사람을 위한 사복(私僕)이 아니라 백성을 위한 공복(公僕)이 되어야 한다. 군주와 신하는 주종관계가 아니라 평등한 사우(師友)관계가 마땅하다. 환관들이 군신(君臣)들의 위에 군림하면서 전횡을 하는 것은 군주 일인의 전제적 시스템에서 기인한다. 이러한 부조리를 없애기 위해서는 환관의 수를 대폭 줄여야 한다고 했다.

> "환관의 무리가 많으면 비록 난리가 일어나지 않는다 하더라도 땔나무를 쌓아 놓고 그 밑에 불을 두는 것과 같다."

황종희는 공식적인 관리들을 철저히 소외시키고 군주와 환관들이 전횡하는 부조리한 구조가 명나라를 망하게 한 요인이었다고 분석한다. 후대의 사람들은 이를 교훈삼아 군주 한 사람이 주인의 시대에는 이루어지지 않았지만, 청나라의 말기 변법자강의 지도자들에게는 그의 사상은 중국의 루소로서 평가받았으며, 개혁의 표준이 되었다.

2) 기(氣) 철학

기존의 주자의 세계관인 이기론은 이와 기의 세계를 엄격히 나누는 방식이었다.

그리고 우주의 근본을 추상적인 이(理)로 보고 이러한 눈에 보이지 않는 천리를 중히 하고 현실 인간의 욕망과 같은 기를 극복하는 수양론이었다. 이에 반해 황종희의 기철학은 실증 및 실천의 실학적인 것으로 기야 말로 현실이며 진실이라고 보았다. 세계에 존재하는 것은 오로지 기라고 주장했다. 우주도 인간의 기이며 그 기의 움직임에 조리가 있기 때문에 그 조리를 이(理)라고 한다. 이는 하나의 명칭일 뿐이다. 기가 스스로 운동을 통해 동과 정이 되며 음양이 있다.

인간의 마음도 하나의 기이며 인심과 도심이 따로 있는 것이 아니라, 인심만이 있다고 한다. 그리고 소위 욕망을 가지고 살아가는 그래서 '자신의 사사로운 이익(自私自利)'을 추구하는 인간이 사실 그대로의 자연스런 모습이므로 비난의 대상이 아니다. 다만 각 개인의 이익과 이익이 충돌할 수 있기 때문에 법과 국가가 필요하다. 세상의 선과 악, 혹은 천리와 인욕이라는 것은 전혀 다른 것이 아니라 한 생각사이에 분리될 수 있다. 영원한 군자도 영원한 소인도 없다. 인간의 존재가 부모의 기를 나눠받으며 태어났지만 그 기는 변화할 수 있는 것이며 그가 생존하는 환경에 따라 변화하는 존재이다.

사람의 악이란 따로 있는 것이 아니라 과불급에 있어서 한쪽으로 편향되어진 것이 악이다. 어떤 사람이 부조리하고 악행을 한다 하더라도 그의 본성에 도덕성은 구비되어 있다. 선과 선행 역시 현실에서의 구체적인 실천을 통해서 나타나고 그 의의를 갖는다. 기철학은 현실과 무관한 관념적인 이의 철학을 비판하고 현실을 중시하는 새로운 세계관이었다.

3) 경세치용(經世致用)

황종희의 학문은 육경(六經)과 사서(四書)의 경학에 바탕을 두는 '독서궁경(讀書窮經)'을 강조했다. 독서가 없는 공리공담을 배제한 것은 명나라 시대의 학문에 대한 반성이라고 할 수 있다. 전통적인 주자학과는 다른 양명학과 관련이 있고 또 양명학을 넘어서 경제치용적인 실학의 성향이 들어있다. 실천, 실증, 실용이 강조된 경세치용의 실학은 실사구시(實事求是)에 바탕을 둔 사상이다.

종래의 성(性)과 도(道)와 리(理)를 중요시 한데 비해 황종희는 심(心)과 기(氣)와 사(事)를 보다 중요한 상위의 개념으로 보았고 이는 세상을 위한 그 유용성에 주목한다.

> '심(心)이 있고 나서 성(性)이 있고, 기(氣)가 있고 나서 도(道)가 있으며, 사(事)있고 나서 이(理)가 있다. 그러므로 성(性)이란 심(心)의 성(性)이며, 도(道)란 기(氣)의 도(道)이며, 이(理)란 사(事)의 일이다.'

눈에 보이지 않는 형이상학적 세계인 道와 理의 세계가 아니라 눈으로 볼 수 있는 형이하학적 현실세계를 대상으로 한다는 점에서 그의 개혁사상과 실용주의적 관점을 볼 수 있다. 그가 봉건사상을 비판하고 민본주의를 주장한 것이나 또 청조에 저항하면서 절의를 지킨 점은 높이 평가를 받고 있으며, 명말청초의 중요사상가로 자리 잡고 있다. 청말의 강유위 · 양계초, 담사동과 같은 변법유신과의 교범이 된 것은 황종희의 『명이대방록』에 나타난 천하위공(天下爲公)과 민본의 정신이었다. 이 책은 청조에서 금서로 지정된 것이었지만 이들은 비밀리에 이를 인쇄하여 전파하였다. 혁명파와 유신파가 함께 소중히 받아들여 중국근대에 영향을 끼쳤다.

유종주의 사상
(劉宗周, 1578－1645)

유종주(劉宗周, 1578－1645)의 어린 시절의 이름은 헌장(憲章), 자는 기동(起東)이며 호는 염대(念臺)인데 훗날의 사람들은 그를 즙산(蕺山)선생이라 불렀다. 지금의 설강성 소흥출신이다. 명나라 말기의 저명한 철학가이자 문학가이며 절동학파(浙東學派)의 저명한 대표인물 중의 한 사람이나.

어린 시절에 부친을 잃고 어머니를 따라 외조부인 장영(章穎)의 문하에서 자랐는데 외조부의 문하에서는 많은 인물들이 배출되었다. 1601년 유종주는 진사가 되었고, 허부원(許孚遠)에게서 배웠다. 1604년에 벼슬에 나아가 직간을 서슴치 않았다. 내시 위충현(魏忠賢)을 비판하여 벼슬을 박탈당하였다. 그러나 위충현이 탄핵된 뒤에는 복직되어 북경부윤이 되었다. 숭정원년(1628년) 다음과 같이 상소했다.

“폐하께서 구하고 통치하려는 마음을 잡으심이 매우 급합니다. 술빛은 것을 핥아서 공리를 위합니다. 공리가 아니면 돌려서 벌을 시행합니다. 벌을 시행하지 않으면 흘러서 시기를 합니다. 시기를 하지 않으면 쌓여서 막히고 가려지게 됩니다."(陛下救治之心, 操之太急.嗦釀而爲功利 ; 功利不己, 轉爲刑名 ; 刑名不己, 流爲猜忌 ; 猜忌不己, 積爲壅蔽.)

다시 숭정 9년에도 상소하기를 "폐하의 구하고 통치하심이 급합니다. 법을 적용함이 심히 엄격하고, 포고령이 너무 번잡합니다. 천하의 진퇴는 선비가 너무 가볍습니다. 여러 신하들이 죄를 두려워하고 잘못을 감춥니다. 자신의 업무를 다하지 않으므로 사람이 있지만 쓸 만한 사람이 없습니다. 식량이 있어도 식량을 사용하지 못하며, 장수가 있어도 능히 병사를 다스리지 못하며, 병사가 있어도 능히 적군을 죽이지 못합니다. 떠돌아다니는 도적도 근본은 나라의 백성이며, 어루만지는 도리가 있다면 곧 백성으로 돌아옵니다."(陛下求治太急, 用法太嚴, 布令太繁, 進退天下士太輕.諸臣畏罪飾非, 不肯盡職業, 故有人而無人之用, 有餉而無餉之用, 有將不能治兵, 有兵不能殺賊.流寇本朝廷赤子, 撫之有道, 則還爲民)라고 하여 잘못된 정치를 개혁하기를 촉구했다.

1612년 행인(行人)의 벼슬을 하면서 북경으로 가는 길에 무석에 들려 동림서원의 고반룡(高攀龍), 고여고(高與顧)등의 성리학의 거두들을 만난다. 특히 고여고와는 세 가지의 학문을 논의했는데 첫째, 거방촌(居方寸) 둘째, 궁리(窮理), 셋째는 유불(儒佛)의 동이(同異)와 주경(主敬)의 공에 관한 것이었다고 한다.

숭정 17년에 이자성이 북경을 파괴했다. 명나라의 신종은 스스로 목매달아 자살했다. 5월에 복왕이 남경에서 등극하고 유종주는 좌도어사가 되었으나 탄핵으로 고향으로 돌아오게 된다.

유종주가 벼슬을 하던 시기에 명나라의 조정은 암울하고 간신들이 권력을 잡았으며 올바른 사람들을 배척했다. 신종황제는 궁중에 틀어박혀 연단술을 한다고 수십 년을 조정에 나오지도 않았다.

그는 일생을 상학과 지술에 치려했고 강학을 하던 즙산(蕺山)에 증인서원(證人書院)을 세웠다. 그가 제창한 교훈은 "성의(誠意)와 신독(愼獨)"의 설이었다. 황종희(黃宗羲),진확(陳確)이 그의 학생이었다. 순치 3년(1645년)에 청나라의 군대가 항주를 공격하고 함락하였으며, 유종주는 식사를 하는 중에 소식을 듣고 식사를 하지 않고 통곡했다. 그는 단식으로 순국했다.

그의 문인 왕육시(王毓蓍)는 물에 뛰어들어 자살했다. 그는 말하기를 "내가 15년을 가르쳤는데 겨우 이 사람을 얻었구나." 했다. 제자들이 그에게 권하기를 "죽어서 천하에 이익이 있으면 죽어도 괜찮습니까?; 죽어서 천하에 이익이 없으면 어찌 필요한 몸을 가벼이 버립니까?"라고 했다. 그는 대답하여 말하기를 "내가 진실로 생명을 버려서 현자를 사모하는 일을 도모하고 알았다면, 나의 늙음을 돌아볼 것이다. 힘으로는 승리할 수 없다."하고 드디어 단식을 결정하고 23일후에 생을 마쳤으니 향년 68세이다. 일생의 저술이 많았는데 약 30종이 넘으며 그것이 바로 『유자전서(劉子全書)』 40권과 『유자전서유편(劉子全書遺編)』 24권이다.

유종주의 이런 올곧은 정신은 "수정(守正)"이라고 할 수 있을 것이다. 그는 명나라 말기의 최후의 유교의 대 스승이며, 송명 성리학의 최후의 인물이다. 그러나 그는 성리학에 천착했던 것은 아니다. 그는 양명학의 심학을 수용했으며 그의 생사관은 이로부터 영향을 받았다.

유종주는 초년에는 양명학을 좋아하지 않았지만 후일에는 심학으로 전향했다. 자신의 심학관을 이렇게 말한다. "단지 한 마음이 흩어져서 만 가지로 변화하며, 만 가지는 변화해서 한 마음으로 복귀한다.", "크다 마음이여, 본래 시작이요 마무리이구나, 이런고로 죽고 삶의 설을 알겠다."(只此一心, 散爲万化, 万化复归于一心","大哉心乎, 原始要終, 是故知死生之說)

왕양명의 사상
(王陽明. 1472-1529)

1. 왕양명의 생애

명나라 시대(1368~1661) 중기의 대표적인 철학자이다. 호는 양명(陽明)이며 이름은 수인(守仁)이며 자는 백안(伯安)이다. 중국 절강성(浙江省) 소흥(紹興)의 여요(餘姚) 출생으로, 관직에 나간 부친을 따라 베이징[北京]에서 자랐고, 28세에 진사시험에 합격하였다.

그가 11세 때 개인 교사에게 수업을 듣다가 "공부의 목적은 과거 급제에 있다"는 스승의 말에 "아닙니다. 공부는 성인(聖人)이 되기 위해 하는 것입니다"라고 말해 스승을 당황케 했다는 일화가 있다. 성인이 되는 것이 그의 일생의 꿈이었다. 15세 때는 북방을 유람하고는 장차 위대한 장군이 되어 오랑캐를 무찌르겠다는 꿈을 꾸었다. 몽골계 소년들과 함께 말을 달리며 활쏘기 시합도 하고, 꿈에 후한시대에 이민족을 정벌해 유명해진 복파장군 마원을 만나보고 감격해서 시를 짓기도 했다. 또 병법 공부에 몰두하고는 북경 일원의 도적떼를 토벌할 계책을 세워 상소하려고도 했다.

17세에 결혼 당일 사라졌는데 도교의 도사와 밤을 지세우며 도인술에 심취될 정도로 호기심이 많았다고 한다. 배우는 관심 분야가 다양했던 왕양명이 학문에 매진하기로 결심했던 때는 18세인데, 루일재(婁一齋, 1422~1491)라는 학자를 만난 것이 계기였다. 일재 루량은 주자학자였는데 그에게서 본격적으로 주자학을 공부한다.

20대 후반에 과거 공부를 시작해서 28세에 급제했다. 한동안 관직생활을 하다가 31세에 병으로 사직하고 고향인 여요에 돌아왔는데, 양명동(여기서 그의 호가 비롯된다)에 따로 집을 짓고 살며 좋아하는 이런저런 공부를 했다. 모든 사람의 마음에는 순수한 인간적인 마음, 유교에서 말하는 측은지심이 깃들어 있다는 생각이었다. 이렇게 다시 유교로 돌아온 왕수인은 2년 뒤 다시 관직 생활을 시작한다. 37세에 "일체 성인의 도가 나의 본성 가운데 자족하니, 밖을 향하여 사물에서 이(理)를 구함은 잘못이다."라고 깨닫는다.

그는 주로 강서(江西) 안휘(安徽) 절강(浙江) 각성의 지방관으로 있었는데, 비적의 토벌과 영왕(寧王) 신호(宸濠)의 난 평정에서 활약하였다. 격무 중에도 항시 강학(講學)을 멈추지 않았으며, 각처에 학교를 설치하여 후진 교육에 진력하였다.

양명의 관심은 다양하여 그가 탐닉한 것을 오익(五溺)이라 하였는데, 任俠(무사적 모험), 騎射(말타기와 활쏘기), 사장(辭章, 글쓰기), 신선과 불교였다. 56세 때 광동 광서의 묘족(苗族)이 반란을 일으켰기 때문에 그는 병든 몸으로 출전하여 진압한 후 돌아오는 길에 과로와 고열로 죽었다. 그의 저작은 후세 사람들에 의해 『왕문성공전서』(王文成公全書)로서 편찬되었는데, 그 중에서 제자와의 문답 기록 등을 종합한 『전습록』(傳習錄)이 널리 읽혀졌다.

2. 왕양명의 사상

왕양명은 그가 살던 시대가 오직 번잡한 허문만이 성행하고 실질이 쇠약하고, 세속을 현혹하고 명예만을 탐하고 있다고 진단했다. 관학이었던 주자학은 본시 성인의 학이었지만 점차 입신출세의 학문으로 탐구되어 교조화되면서 공리만을 추구하는 당대의 학풍에 대해서 개탄하였다. 스스로 체험을 통해 본래의 성인의 학문을 회복하고자 하는 것이 그의 학문의 출발이었다.

그는 주자학의 공부가운데. '격물치지'를 하기 위해 뜰에 서 있는 대나무의 이치를 탐구하고자 7일 동안 꼬박 대나무를 바라보았지만, 결국 얻은 것은 없는 채 병이 나 버렸기 때문이었다. 실망한 그는 주자학 공부에 회의를 품었고, 문학, 병법, 도교와 불교 공부 등에 다시 마음을 쏟기 시작했다.

이처럼 양명은 단지 독서를 통해서 만이 아니라 자신의 실제적 삶 속에서 진리를 찾고자 했기 때문에 주자학을 묵수하기 보다는 어떻게 하면 참된 인간이 될 수 있는가를 사색하고 스스로 성찰을 통해 자신의 이론을 정립했다.

1) 심즉리(心卽理)

'심즉리'는 세상의 이치를 직접 궁구하기보다 먼저 자신의 마음을 성찰하고 바로잡음으로써 그곳에서 이치를 밝혀내는 방식이다. 왕양명은 이것을 "마음이 곧 이치이다(心卽理). 세상에는 마음만이 있으며, 마음 없이는 아무런 이치도 없다"라고 설명했다. 이처럼 마음을 모든 것의 중심에 두었으므로 양명학을 심학(心學)이라고도 한다.

마음이란 무엇인가? "텅 비어 영명하고 어둡지 않아 그 속에 온갖 理가 갖추어져 있으므로 만 가지 일이 여기에서 나온다. 마음 밖에 理가 없고, 마음 밖에 事가 없다." 이 마음이 사욕의 가림이 없으면 그것이 곧 천리(天理)이기 때문에 밖에서 더 보탤 것이 없다. 여기에서 양명이 말하는 理는 사리나 물리가 아닌 도덕적 덕성과 가치를 뜻한다.

그는 37세에 큰 깨달음을 얻었는데 그것은 진리의 세계는 나의 본성에 갖추어져 있으니 밖을 향해서 구하는 것이 아니라, 내면적 성찰 '반구제기(反求諸己)"라고 한다.

2) 지행합일(知行合一)

지행합일은 지(知)와 행(行)이 모두 마음의 활용으로 하나라고 하는 것인데, 주자가 지(知)에 중점을 두어 얘기한 '선지후행'(先知後行)에 대립하는 것이다. 왕양명은 선한 성의를 실천하고 악한 사의(私意)를 제거하는 것 모두를 행으로 본다. 실제적인 동작만이 아니라 마음속의 활동도 일종의 행이다. 그의 지(知) 또한 지식탐구와 그 결과만을 의미하는 것이 아니라 선악에 대한 판단과 실천적 행동을 지라고 한다. "지(知)는 행(行)의 시작이며, 행(行)은 지(知)의 완성이다. 이 둘은 분리될 수 없다. 참으로 안다는 것은 행하는 바가 있어야 하고 행하지 않으면 참된 지라고 할 수 없다.

이름다운 색을 보는 것이 지(知)에 속한다면 아름다운 색을 좋아하는 것은 행(行)에 속한다. 이때 아름다운 색을 보는 순간 이미 좋아하게 되는 것이지 보고 난 뒤에 따로 마음을 세워 좋아하는 것이 아니다. 사람들은 지행(知行)을 분리하여 생각하기 때문에 선하지 않은 생각이 나더라도 방치한다. 행과 다르다고 생각하기 때문이다. 허나 양명은 선하지 않은 생각이 곧 선하지 않은 행동이라고 봄으로써 사소한 일념(一念)조차도 방치하지 말아야 한다고 보았다. 지행합일설은 사물세계가 아닌 도덕세계에 관심을 두고 있다.

3) 치양지(致良知)

왕양명은 맹자의 양지양능(良知良能)[10]에서 유래하는 것으로 시비지

10) 『孟子』, 「盡心」 '人之所不學而能者 其良能也. 所不慮而知者 其良知也.'

심(是非之心)에 해당한다. 우리 마음에 내재해 있는 양지(良知)가 우리의 스승이 되고 등불이 된다. 그는 주자와 동시대인인 육구연(陸九淵, 1139~1192)의 사상을 본받아서, 사람의 마음에는 본래 선악이 없다고 보았다. 그런데 어떤 행동을 할 것인가 선택할 때 지(知)를 사용하는데, 만약 제대로 안다면 사람은 언제나 선량하게 행동하게 된다. 어린아이라 해도 어버이를 사랑하고, 나쁜 일을 보면 얼굴을 찌푸린다. 바로 제대로 된 양지(良知)를 나면서부터 가지고 있기 때문인 것이다. 사람이 악한 일을 하는 것은 나면서부터 있는 양지를 잊어버리고 '어리석은' 지로 판단, 그에 따라 행동하기 때문이다. 그러므로 치지(致知), 곧 치양지(致良知)는 이 본래의 지를 회복하고, 마음을 가득 채운 다음 보존하는 수양법이다.

그의 유명한 4구결(四句訣)이 있는데,

> "無善無惡是心之體(무선무악시심지체),
> 마음의 본체는 본래 선과 악이 없는 것이지만
>
> 有善有惡是意之動(유선유악시의지동),
> 선과 악이 나타나는 것은 뜻[意]의 작용 때문이다.
>
> 知善知惡是良知(지선지악시량지),
> 선과 악을 구별하여 아는 것이 양지(良知)이며
>
> 爲善去惡是格物(위선거악시격물),
> 선을 행하고 악을 버려 마음의 본체로 돌아가는 것이 바로 격물(格物 : 사물의 이치를 깨달아 마음을 바로잡음)이다"

양지를 완성하는 것이 치지(致知)요, 사사물물이 그 이(理)를 얻게 됨은 격물치지라고 할 수 있다. 양지는 만물과 일체를 이루는 마음이다.

천지만물과 한 몸을 이루어 서로 감응하고 타존재의 고통에 반응하는 어진 마음이기도 하다.

양명의 양지는 도덕적 인(仁)이다. 사람에게는 측은지심(惻隱之心로)으로 표현되며, 조수(鳥獸)에게는 불인지심(不忍之心), 초목에게는 민휼지심(憫恤之心) 그리고 기와나 돌에는 고석지심(顧惜之心)으로 표현된다. 양지는 이처럼 나와 천지만물을 둘로 보지 않는 통각(痛覺)의 자세라고 할 수 있다. 천하를 일가로 보고, 중국을 일인으로 바라보는 시각 천지만물과 자신을 일체로 보는 이러한 사상은 자신의 몸서 체득한 깨달음이었으며 공자의 정신인 인의 구현이라고 보았다.

주자학과는 달리 양명은 물(物)이란 객관적인 물질이 아니라 내가 뜻하는 것이라고 하였다. 뜻하는 바가 효도에 있으면 효도가 물(物)이 되고, 뜻하는 바가 충성에 있으면 충성이 물(物)이 된다. 물(物)은 대상 사물이라기 보다는 사물과 접촉하는 의지작용이다.

양명학은 조선시대에 주자학의 압도적인 영향력 때문에 이단시되어 활발하게 연구되지 못했다. 또한 인간의 내면의 양지에 초점이 맞추어진 관계로 불교의 선학과 관련지어 정통유학에서 어긋한 이단으로 간주하기도 했다.

그러나 양명학은 공자의 인의 정신을 어떻게 구현하는가를 탐구하는 것은 객관적인 세계와 주관적인 주체가 둘이 아니라는 데에서 출발한다. 사리사욕을 떠난 양지에 이르면 나와 남이 둘이 아니고 나와 자연이 분리되어 있지 않음을 터득할 수 있다는 양명학의 이론은 오늘날의 여러 문제, 특히 인간과 인간, 인간과 자연의 조화를 모색하는 생태학적 윤리로서 새롭게 다가오는 사상이다.

송대의 사상

주자(朱子, 1130–1200)의 사상]

소강절(邵康節, 1011–1077)의 사상

주자의 사상
(朱子, 1130-1200)

주자는 복건성(福建省)의 남평 우계현에서 태어났다. 이름은 희(熹)이고 자는 원회(元晦) 혹은 중회(仲晦) 호는 회암(晦庵), 자양(紫陽)이다. 18세에 진사시험에 합격했다. 24세 때 이연평을 만나 사숙했다. 그는 이연평이 죽을 때까지 10여 년을 배웠다.

본래 유학의 교재는 오경이 중심이 되어 왔었는데, 주희가 1190년 『대학』, 『중용』, 『논어』, 『맹자』의 사서에 대한 집주를 간행하여 수신(修身)의 학문을 강조했다. 한당시대의 유학이 오경중심이었다면 송대부터는 오경(역경, 시경, 서경, 예기, 춘추)과 더불어 사서가 중심이 되었다.

주희의 사서주석은 1313년 원나라의 인종이 시험과목의 교과서로 채택한 후 명 · 청 양대에 걸쳐 과거시험을 준비하는 사람들의 교재로 지정되었으므로, 관학으로 추숭되고 과거에 합격하려는 사람들의 필독서였다.

그는 공자 맹자의 전통을 다시 이어받아 정립하였고, 그 시대의 도가와 불교의 이치를 섭렵하고 북송대의 석학들인 주돈이(周敦頤.1019-

1073)의 『태극도설』과 『통서』, 장재(張載.1020-1077)의 『정몽(正蒙)』과 『서명(西銘)』, 소강절(邵康節.1011-1077)의 『황극경세』 그리고 정호(程顥.1032-1085) · 정이(程頤.1033-1107)형제의 『이정전서(二程全書)』와 『역전(易傳)』 등을 통해 도학을 계승하여 신유학을 집대성했다. 이 가운데서도 정명도 정이천의 학설을 계승하였으므로 주자학이라는 말 대신 정주학이라고도 한다.

주자는 송대 이전의 지식인들이 불교와 도교의 영향을 받아 개인적인 해탈 등에 관심을 가질 뿐 사회개혁을 위한 대안을 제시하지 않은 점을 안타깝게 생각했다. 그의 새로운 유학은 개인의 도덕수양과 동시에 정치적 책임완수를 중시했다. 송대에는 군주 한 사람이 중심이 되어 총괄하는 중앙집권적 정치를 하였는데, 이는 지방의 군벌세력을 견제하기 위해 문관에게 힘을 실어주는 문치정책을 중시했다는 의미이다. 송대 이전의 지식인들이 불교와 도교의 영향을 받아 무인세력에 협조하고 지방분권적 성향과는 다른 양상이었다.

송대는 전 기간에 걸쳐 이민족인 요, 서하(西夏), 금의 이민족에게 둘러쌓여 외적에 대한 방비를 위해 군비가 많아 재정상태가 심각했고 백성들의 수탈도 많았다. 주희가 살던 남송시대에 와서 정치적 쟁점은 금나라와의 관계에서 주전파와 강화파간의 갈등이었다. 도학의 신봉자들은 대의명분에 의거하여 항전을 주장하는데 비해 화의파는 금과의 평화를 위해 굴복적 자세를 취했고, 오히려 도학자들을 비난했다. 항주 서호 근처의 악비의 묘에는 당시 화의파의 재상 진회가 악비 묘에 쇠사슬에 묶여 꿇어앉은 모습의 조각상이 놓여있다. 중국인들에게 금나라에 대해 굴복한 남송의 재상 진회는 간신의 전형이었다. 주희 역시 진회에 의해 배척당했고 당대에 곤욕을 치렀다. 주희는 내우외환에 시달리는 이러한 시대에 정치의 근본을 도덕주의에 두었다. 참된

인재는 먼저 도덕성을 갖추어야 하고 그 다음이 능력의 유무라고 했다. 이러한 도덕성의 근원으로 성(性)과 이(理)가 제시되었는데 이것은 개인의 윤리이자 동시에 정치윤리로서 후세에 영향을 미쳤다.

주희가 남긴 저술은 여조겸과 함께 주돈이, 정호, 정이, 장재의 글과 말에서 가려 뽑고 14개의 주제로 분류한 『근사록』도 있다.

주자의 사상

1) 이기론(理氣論)

주자는 주돈이의 태극설과 정이천의 이기론과 장횡거의 기론을 바탕으로 우주론을 정립했다. 이는 형이상학적 도이고 기는 형이하자로서 기(器)라고 하는 이원론에서 출발한다.

理란 사물이 사물이 되는 보편적 원리, 곧 소이연지고(所以然之故)이며 동시에 마땅한 행위의 원리, 곧 소당연지칙(所當然之則)이다. 이에 반해 기는 生意를 가지고 있어서 움직이고 오행을 낳고 이러한 음양오행이 만물을 생성한다.

흔히 주희의 이론을 성즉리설이라고 하는데, 성(性)은 하늘의 이치이다. 이것은 사람이 타고날 때 이미 부여받은 이(理)이다. 성은 곧 마음은 아니다. 마음이 움직이기 이전의 본체이고, 마음이 사물과 접촉하여 움직이면 정으로 나온다. 마음이 물이라면 성은 물의 고요함이고, 정은 물의 흐름이라고 비교할 수 있다. 성(性)이란 내재한 이(理)이다. 물론 이 이(理)는 인간의 마음에 있는 것이 아니라 사물에도 내재해 있다.

이 이기론은 주희의 우주론이며 동시에 인성론이다. 우주는 보이지 않는 이(理)의 세계와 현상으로서의 기의 세계로 나눌 수 있다. 여기에서 이(理)란 태극으로 모든 사물의 근본원리이자 사람이 마땅히 지켜야할 도리를 의미하기도 하는데, 기(氣)와 더불어 존재한다. 이것은 마치 인간이 각기 태극이라고 하는 이성을 가지고 있으면서 동시에 개성적인 욕구인 기질을 가지고 있는 것과 마찬가지다.

2) 인심(人心)과 도심(道心)

이 마음의 허령함이 이치에 따르는 것은 도심이요, 욕망을 따르면 인심이 된다. 인심이 위태로운 것은 욕심이 자리잡고 있다는 것이고,

도심이 미묘하다고 한 것은 천리의 미묘함이 깃들어 있기 때문이다. 도심이 삶을 주도하고 인심을 제어할 수 있다면 위태롭지 않을 것이고 미묘함이 들어나게 된다.

주희는 학문이란 모름지기 인욕을 제거하고 천리를 보존하는 일이라고 했으니, 달리 말하자면 도심을 가지고 살아가는 것이 천리를 따르는 삶의 지혜라고 볼 수 있다. 본연의 성은 도심이지만 기질의 성은 인심과 관련을 가지고 있다는 점에서 현실의 인간의 존재는 모순적 존재가 분명하지만. 인간은 오로지 수양을 통해 이러한 모순을 극복할 수 있다. 그 공부의 방법이 격물치지(格物致知)와 거경궁리(居敬窮理)이다.

3) 거경(居敬)과 궁리(窮理)

궁리는 사물의 이치를 궁구하여 지식을 넓히는 것이고, 거경은 경의 자세로 함양하는 것이다. 오늘 한 이치를 궁구하고 내일 또 일물의 이치를 궁구하여 그것이 축적되다 보면 어느 시점이 되면 활연하게 통하게 된다. 궁리를 할 때는 거경해야 하고, 거경하지 않으면 도리를 알 수 없다. 경(敬)이란 천리를 항상 지녀서 인욕에 빠지지 않도록 하는 것이다. 군자의 마음은 항상 공경하는 자세로 비록 보이지 않고 비록 들리지 않는 다 하더라도 감히 소홀히 하지 않는 자세이다.

궁리는 다른 한편 격물치지라고도 말 할 수 있다. 사물의 이치와 인간의 도리를 탐구하여 지식을 획득해야 참된 실천도 가능하다. 격물은 단지 외부의 사물의 이치를 탐구하는 것일 뿐 아니라 내면의 수양과 병행해야 된다.

4) 사서(四書)와 주자가례

사서에 대한 집주(集注)는 사서의 근본 뜻을 추려 모아 밝힌 것이고 혹문(或問)은 그에 대한 이유를 설명한 것으로서 주자학의 핵심이자 정수이다. 『대학혹문』과 『중용혹문』은 60세 때 완성했고, 이 두 책은 본래 『예기』에 있던 것을 독립시켰다.

『주자가례』는 『의례』 17편에 나오는 관혼상제의 사례를 그 핵심 골격만 간추리고 거기에 송대의 시속을 첨가하여 실용적으로 필요한 매뉴얼을 제시한다. 『소학』과 더불어 구체적인 예의범절 등을 거론한다.

주희의 사상은 진리의 세계를 제시하고 불변의 의리정신과 대의명분을 중시하여 명나라 청나라 시대의 통치이념으로 되었다. 주자는 공자와 맹자를 정통적으로 계승한 성인으로 존중되었으며 문묘에서 중요한 인물로 배향되었고, 조선의 경우는 1290년 고려 말에 안향에 의해 수입되었고, 이후 조선시대의 정치, 경제, 문화의 모든 영역에서 가치의 잣대가 되었다. 주자는 단지 사상가가 아니라 절대적인 성인으로 존숭되어 한국은 주자학의 나라가 되었고, 전국 곳곳의 향교와 서원에서는 주자를 스승으로 모시고, 더 이상 수정할 필요가 없는 진리의 상징이었다. 바로 이점이 후일 주자학이 교조화됨으로써 건전한 비판정신의 싹이 트지 못했고 유교의 다른 한 면인 치인(治人)의 사업이 소홀이 되었으며, 새로운 문명을 수입하는데도 장애가 되기도 하여, 주자학 절대주의에 대한 비판이 일어났다.

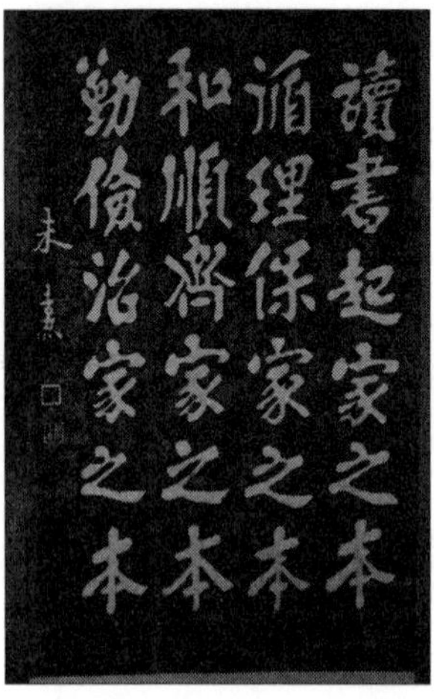

무이구곡가(武夷九曲歌)

武夷山上有仙靈 山下寒流曲曲清
무이산 꼭대기에 신선의 정령이 있어 산 아래 찬 물결 굽이굽이 맑아라.
欲識箇中奇絕處 櫂歌閑聽兩三聲
그 중에 절승지를 더 알고 싶거든 나의 뱃노래 두어 수를 한가히 들어보라.

일곡(一曲)

一曲溪邊上釣船 幔亭峰影潛晴川
첫 굽이 시냇가에서 낚싯배에 올라보니 만정봉 그림자는 맑은 내에 잠겨있네
虹橋一斷無消息 萬壑千巖鎖翠煙
무지개 다리 한 번 끊겨 소식도 없는데 만 구렁 일천 바위는 푸른 연기에 잠겨있네.

이곡(二曲)

二曲停停玉女蜂 揷花臨水爲誰容
두 굽이에 우뚝 솟은 곱디고운 옥녀봉은 꽃 심어 물가에 임하니 누구 위한 단장
道人不復荒臺夢 興入前山翠幾重
도인마저 옛 꿈을 바라지를 않는다지만 흥에 겨워 앞산에 드니 몇 겹으로 푸른 빛.

삼곡(三曲)

三曲君看架壑船 不知停櫂幾何年
세 굽이 돌아드니 그대 매어있는 저 나룻배 보는가. 노질을 멈춘 지가 몇 해나 되는 건지 알수 없구나.

桑田海水今如許 泡沫風燈敢自憐
세월 흘러 바뀐 모습 알 길 없다. 거품 앞의 바람 등도 가련할 뿐 이로고.

사곡(四曲)

四曲東西兩石巖 岩花垂露碧氈滲
네 굽이 東西에선, 두 곳의 암벽 위에 바위 꽃은 이슬 맺혀 푸른 이끼 더욱 곱고
金鷄叫罷無人見 月滿空山水滿潭
금닭(金鷄) 울면 아침이 온다지만 본 사람 없고 빈산 위에 가득한 새벽 달빛만 연못 물을 채웠네.

오곡(五曲)

五曲山高雲氣深 長時煙雨暗平林
다섯 굽이 돌아서자 높은 산에 구름 깊어 오랜 동안 안개비로 숲 속처럼 어둡네
林間有客無人識 欲乃聲中萬古心
이 숲에 누구라도 아는 이 하나 없어 사공의 노 소리만이 만고의 마음일세.

육곡(六曲)

六曲蒼屛繞碧灣 茅茨終日掩柴關
여섯 굽이 푸른 병풍, 푸른 물골 휘돌아 온 종일 닫쳐있던 조촐한 저 초가집
客來倚櫂岩花落 猿鳥不驚春意閒
노 저어 손님 와 바위꽃 떨어지고 원숭이도, 새와 함께 놀래지 않은 한가한 봄날.

칠곡(七曲)

七曲移船上碧灘 隱屛仙掌更回省

일곱 굽이 배를 몰아 푸른 여울 올라선다. 은병봉아 선장암아 이제 다시 만났구나.

却憐昨夜峰頭雨 添得飛泉幾度寒

간절하다 저 봉우리, 밤새 내린 빗줄기로 비천 폭포 찬 운을 얼마만큼 보탰나.

팔곡(八曲)

八曲風煙勢欲開 鼓樓岩下水縈迴

여덟 골에 바람 일자 안개 계곡 밝아지니 고루암(鼓樓巖) 바위 아래 물빛도 선명하다.

莫言此處無佳景 自是遊人不上來

제발 마시게나, 이곳에 좋은 경치 없다는 말 여기부터 잡인은 오를 수도 없다네.

구곡(九曲)

九曲將窮眼豁然 桑麻雨露見平川

드디어 九曲이라, 눈 앞 세상 활짝 넓다. 뽕나무 삼나무는 이슬에 젖었고 평천 냇물 눈에 든다.

漁郎更覓桃源路 除是人間別有天

어부는 또 다시 무릉도원을 찾으려 하겠지만 예 아니면 별유천지가 어디 다시 있으랴

소강절의 사상
(邵康節, 1011-1077)

남송의 주자(朱子)는 주렴계, 정명도(程明道), 정이천(程伊川)과 함께 소강절 선생을 도학(道學)의 중심인물로 삼았다. 그는 관직에 나오라는 숱한 제의도 마다하고 낙양에 거주하면서 부필(富弼), 사마광(司馬光), 여공저(呂公著), 구법당 등과 교류하며 소박한 삶을 살았다. 자신의 거처를 안락와(安樂窩)이라 하고 낙양(洛陽)에서 평생동안 은거했다.

1) 상수역

그는 易의 괘상과 수에만 관심을 가졌다. 주역을 열렬히 신봉하였는데 '역을 배우는 것은 천하를 다스리기 위한 것'이라하고 치세에 역의 원리를 적용하였다. 그는 수가 모든 존재의 기본이라는 상수학(象數學)에 관심을 가졌다.

주역을 보는데 크게 상(象) · 수(數) · 이(理)의 세 가지 입장이 있다. 상은 역(易)의 괘상(卦象)을 주로 하여 연구하는 것이며, 수는 수리(數理), 이는 의리(義理), 즉 윤리적 입장에서 연구하는 것으로 소강절은 상과 수를 중시했다.

역(易)은 선천[河圖]팔괘와 후천[洛書]팔괘의 이론으로 발전하며, 이 하도와 낙서에 나타난 상(象)과 수(數)에서 비롯된 상수학은, 음효(陰爻)와 양효(陽爻)를 부호로 하도팔괘의 '先天象'을 나타내는 괘상과 낙서팔괘의 '現實象'을 나타내는 괘상으로 발전하였다.

소옹은 64괘중 가장 중요한 12괘를 뽑아 우주적 시간을 설명했다. 양이 우주를 생성하는 힘이라면 음은 우주를 파괴하는 힘이다. 복(復)괘는 우주 생성의 시작단계를 표현하며 최고의 발전단계는 건(乾)괘이다. 이것이 사물의 완성이라면 완성된 사물은 다시 파괴되는 데 이는 구(姤)로 음효가 발생한다. 파괴의 정점은 곤(坤)괘로 이는 다시 또 복으로 변화한다.

그는 또한 시간의 단위를 30년을 1세(世)로 12세를 1운(運)으로 그리고 30운을 1회(會)로 다시 12회를 1원(元)으로 파악하였다.

2) 선천도

선천도(先天圖)는 순서나 방위에 의해서 팔괘 및 육십사괘를 배치한 그림이다. 소옹은 이 그림의 원작자를 천지자연에 본떠 팔괘를 만들어 낸 복희로 규정하고 복원했다. 선천도에서의 역의 생성과정은 태극으로부터 시작되는 우주 생성론을 나타낸다고 하여 주자학에서 중시되었다.

[經世衍易圖]

水	火	土	石	辰	星	月	日
太柔	太剛	少柔	少剛	少陰	少陽	太陰	太陽
☷	☶	☵	☴	☳	☲	☱	☰
柔		剛		陰		陽	
靜				動			
一動一靜之間							

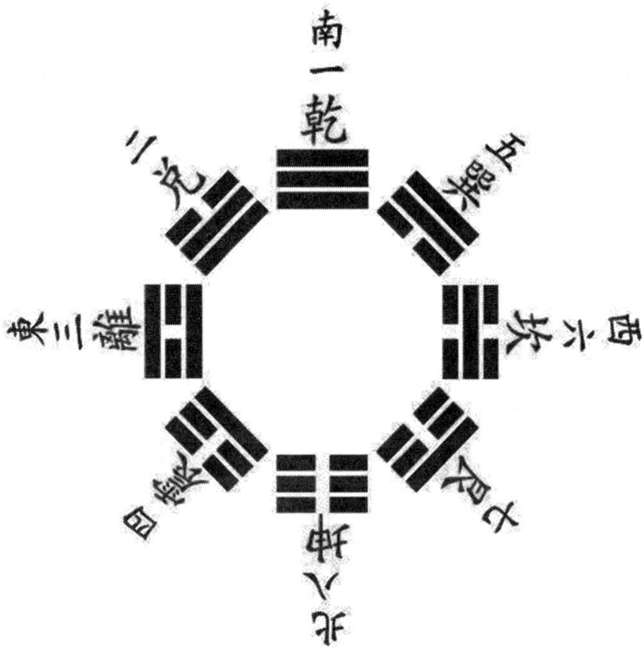

'하늘은 動에서 생하고 땅은 靜에서 생겨난다. 一動과 一靜이 서로 교류하여 천지의 도가 다하게 된다. 동의 첫머리에서 陽이 생겨나고 동의 극에 이르러 음이 생겨난다. 一陰과 一陽이 교류하여 하늘의 작용을 다하게 된다. 정의 첫머리에서 柔가 생겨나고 정의 극점에서 剛이 생겨난다. 一剛과 一柔가 교류하여 땅의 작용을 다하게 된다.'[11]

---

11) 소강절 지음, 노양균 역, 『皇極經世書』(대원출판,2009) 112면. '天 生于動者也 地生于靜者也 一動一靜交而天地之道盡之矣 動之始則陽生焉 一陰一陽交而天之用盡之矣 靜之始則柔生焉 靜之極則剛生焉 一剛一柔交而地之用盡之矣.'

3) 이물관물(以物觀物)

소강절은 '나로써 사물을 보(以我觀物)'지 않고, '사물로써 사물을 보기(以物觀物)'를 강조한다. 관물은 물아일여의 경지에서 나를 만물 속에 깃들게 하는 동시에 만물이 스스로의 이치를 말하게 하는 것이다. '나'는 우주만물이 되고, 내 마음의 움직임은 곧 천지자연의 변화와 다르지 않다.

한당의 사상

한유(韓愈, 758–824)의 사상

현장(玄奘, 602–664)의 생애와 사상

갈홍(葛洪, 284–343)의 사상

정현(鄭玄, 127–200)의 생애와 사상

보리달마(菩提達磨)의 사상

사마천(司馬遷, B.C. 145–B.C. 86)의 생애와 사상

한유의 사상
(韓愈. 758-824)

한유(韓愈. 758-824)의 자는 퇴지(退之) 등주 남양(하남성 남양)사람이다. 그의 부친은 한중경(韓仲卿)으로 그의 나이 3세에 세상을 떠났고, 형의 밑에서 자랐다. 이미 7세에 독서를 시작할 정도로 영민했는데, 18세에 육경과 제지백가의 학문에 통달했다. 그는 진사과에 합격한 후 연속 3회에 걸쳐 박학굉사과(博學宏詞科)에 응시하였으나 낙방했다. 당나라 시대의 걸출한 문학가로 당송 8대가중[12]의 한 사람이다. 그는 목숨을 걸고 「논불골표(論佛骨表)」를 황제에게 올린 배불론자였으며 송대 이학(理學)의 선구자이다. 저서로는 『한창려집』이 있다. 소식(蘇軾)을 그를 칭찬하기를 "문장을 팔대의 쇠미함으로부터 일으켜 세우고, 천하의 무너져 가는 도를 구제하였다. 충성은 임금의 노여움을 두려워하지 않았고, 용맹은 삼군의 장수를 빼앗았다."고 했다.

12) 당대의 한유(韓愈), 유종원(柳宗元), 송대의 구양수(歐陽修), 소순(蘇洵), 소식(蘇軾), 증공(曾鞏), 왕안석(王安石)이다. 이들의 작품은 후대에 절대적인 영향을 미쳤고, 필독서가 되어 문장의 본보기가 되었다.

그의 시대는 유교·불교·도교가 병립하면서 때로는 융섭되고 때로는 대립하는 가운데 대체적으로 유교는 매우 침체되었으며 노장사상의 유행하였고, 여기에 불교가 득세하고 왕실에서도 신앙하는 것이 일반적이었다. 당나라의 현종은 도교를 숭앙하여 도교의 인물들을 신격화하였으며 도교의 저술을 경으로 승격시켰다. 또한 도교의 신선술에 영향을 받아 불로장생약인 금단을 복용하기도 하였다. 또한 환관들이 득세하여 황제권을 우롱하는 횡포가 자행하기도 했다.

그가 태어나기 5년 전 당나라는 안록산의 난이 일어났고 국력이 기울어지던 때이다. 위진시대 이래 도교와 불교의 사상이 한유의 시대에 오면서 비판의 대상이 되고 유교를 부흥하려는 움직임으로 바뀌게 되어가지만 한유 자신은 고난을 당했다.

한유의 사상

1) 도통론

한유가 말한 도는 인의 도덕과 같은 유교의 도이다. 불교와 도교의 도가 아닌 유교의 도의 전통을 수립하는 것이 그의 업적이다. 한유는 유학의 정통성과 권위적 지위를 위해 노력했다. 그는 불교의 도통에 영향을 받아 유가적 도통관을 세운 사람이다.

그는 도통론에서 요(堯)·순(舜)·우(禹)·탕(湯)·문(文)·무(武)·주공(周公)·공자(孔子)에서 맹자(孟子)로 이어지는 도의 전통이 맹자 이후 단절되었다고 보고 그 단절된 도를 다시 잇는 일을 자신의 사명으로 여겼다. 이들 성인들은 인류에게 모범이 되기 때문에 항상 모든 사람이 성인들의 가르침을 본 받아야 한다고 생각했다. 한유의 도통론에서는 선진시대의 맹자까지만 거론되고 한당의 유교 선비들은 거론하지 않고 있다. 이점에서 그의 사상은 이론적 근거를 선진사상에서 찾는 고전부흥의 입장임을 알 수 있다.

사회적 모순의 심화와 도교 불교의 폐해로 인한 기강의 해이를 극복하여 인의 도덕을 회복하기 위해서는 도의 전통을 회복하는 것이야말로 중대한 과제로 보았다. 그에게 있어서 가장 중요한 인물은 양·묵의 이단을 물리친 맹자였으며, 자신은 맹자의 성도(聖道)를 본받아 인의 도덕의 도덕을 확립하고자 했다. 스승의 스승다움도 도가 있느냐 없느냐가 기준이 된다. "나는 도를 스승으로 삼으며, 그의 나이가 많고 적음은 따지지 않는다. 때문에 지위의 고하와 신분의 귀천을 막론하고 또 나이의 많고 적음을 막론하고 도가 있는 곳에 스승이 있다."고 했다.

그의 도통론은 불교의 선종에서 수제자에 의해 의발(衣鉢)을 전수하는 방식에 영향을 받았다. 도의 정통성은 다름아닌 이단배척론의 다른 이름이다. 그리고 정통적 가르침을 잘 지켜서 다음 세대로 전해주는 것이야 말로 그의 사명이라고 생각했으며 이러한 도통론은 후대에 정착되어 정통성을 가늠하는 척도가 되었다.

2) 배불론

당나라 때의 배불론은 세 가지 입장이 있는데 첫째는 민족주의의 입장이고 둘째는 윤리적 입장이고 셋째는 민생문제이다. 민족주의의 입장은 불교가 중국의 고유종교가 아니라 서쪽에서 건너온 이민족의 가르침이라는 것으로 이른바 화이관(華夷觀)의 중화사상에서 이적의 사상으로 배척한다. 둘째 윤리적 입장이란 유교의 충효사상에 어긋나는 것으로 군신, 부자, 부부의 윤리가 없다는 점이다. 출가수행자란 국가를 초월하고 독신으로 출가를 하는 까닭으로 인륜의 근본을 파괴한다고 보는 점이다. 마지막으로 민생이란 일하지 않고 놀고 먹는 다는 점인데, 한편으로는 사원이 경제적으로 세금을 포탈하고 재산을 축적하여 국가경제에 무익하다는 점이다.

한유가 생활했던 헌종 원화 연간에는 불교의 세력이 광범위하고 그 지위가 확고하였음에도 불구하고 그가 황제에게 목숨을 걸고 불교신앙의 모순점을 지적함으로써 그는 용기있는 선비정신의 소유자로 평가된다. 황제인 헌종은 불교를 신앙하여 불골(佛骨,사리)을 궁중에 안치하고 공양하는 등 불심이 돈독하였으므로 불교가 융성을 이루고 있었다. 그는 많은 재정이 허비되는 이러한 불사를 극력 반대하는 「논불골표(論佛骨表)」를 황제에게 올렸으나 오히려 이로 인해 유배를 가게 되었다. 한유는 당말의 이러한 상황에서 맹자가 이단을 물리친 것을 본받아 노불을 배척하는 이론을 전개했다. 그러나 그의 불교관은 도교관은 유교의 정통성 확보를 위해서는 의의가 있지만 많은 허점들이 내재해 있다.

적멸에 대한 관점이나 무위자연의 관점을 지나치게 초세간적으로 단순하게 본 점에서 그 지식의 깊이가 얕고, 당대의 일부 타락한 도사와 승려들의 비행을 전체적 사상과 연결하는 것도 문제가 남아 있다. 그럼에도 그의 배불론은 도통론을 확립하는 도구로서 유효하게 작동되었다.

3) 고문운동(古文運動)

한유의 고문운동은 문체개혁운동으로 문장과 도통의 합일과 조화를 주장한다. 종래의 경향이 구어가 아닌 문어의 문체인 4.6 변려문(騈驪文) 위주의 형식주의 문학으로 작품의 운율, 전고(典故), 대우(對偶), 사휘(辭彙), 수사(修辭)에 치중한 것을 반성하는 뜻이다. 종래의 문장은 그 내용에 있어서는 서정(抒情), 조정(朝廷)과 사직(社稷)대 대한 송덕, 산수와 정물의 묘사가 주를 이루었다.

문장의 화려함 보다는 평이한 어휘, 명쾌한 논리, 진솔한 문장 그리고 그 안에 실린 도와 경전중심의 학문을 중시했다. 한유는 사마천 이후 최대의 산문작가로 고문운동을 이끌었다. 새로운 단어의 창조와 구어에 가까운 문체로 창조하여 이후의 산문창작에 긍정적 역할을 수행했다. 문장이 온갖 미사여구를 동원한 형식주의에 치우쳐 문자 유희가 된 것은 문제가 있다고 보았다. 내용에 있어서도 '문예를 위한 문예' 보다는 현실 비판의식을 강조하였고, 성인의 도를 중요한 주제로 삼았고 문장은 그 도를 표현하는 도구로 삼아야 한다고 보았다. 이것을 '문장으로써 도를 싣는다.(文以載道)'고 한다. 그가 변체문을 대신하여 고문을 좋아하는 것은 도를 배우기 위해서이고, 고문을 쓰는 것도 도를 전하기 위한 것이므로 문장은 그 자체가 목적이 아니라 도를 전하는 수단이다. 고문이란 선진양한(先秦兩漢)이 고문을 칭하고 옛 문장에 실려 있다.

그의 문과 도의 관계는 실제로 '문도합일(文道合一)' 곧 문장과 도통의 합일에 뜻이 있다. 좋은 글은 독창적인 글이지 남의 글을 표절하는 것은 무의미하다고 했다. 우수한 글을 창작하기 위해서는 작가의 내면적 도덕수행이 있어야 한다.

위대한 문장가로서의 한유의 위상은 당송팔대가의 선두라는 점에서 드러난다. 그가 유려한 수식을 배제한 간이한 산문으로 문체개혁운동이 역설적으로 대가의 반열에 들게 했는데 도통설의 고전부흥과 같은 맥락이다.

현장의 생애와 사상
(玄奘, 602-664)

현장(玄奘, 602-664)은 낙양 근처의 구씨현(緱氏縣, 지금의 하남성 언사시(偃師市))에서 태어났다. 속명은 진위(陳褘)이며 당승(唐僧) 혹은 당삼장(唐三藏)으로도 불리운다. 10세에 큰형인 장첩(長捷)법사가 주석하고 있던 낙양의 성로사에시 살다가 수나라 말기의 전란을 피해 이주했던 촉지방에서 『섭대승론』과 아비달마를 배웠다.

그의 나이 28세에 불경을 구하고 불법을 구하기 위해 인도여행을 청했으나 나라에서 허락하지 않았다. 그는 이에 굴하지 않고 개인적으로 629년 장안을 출발하여 사막과 서역 각국을 지나고 파미르고원을 넘어 인도로 갔다. 목숨을 걸고 결행한 그의 인도여행에서 그의 각오는 '출발할 때 발원이 만약 인도에 도착하지 못한 다면 맹세컨대 동쪽으로 돌아오지 않고 동쪽으로 돌아와 구차하게 사는 것은 차라리 서쪽을 향하다가 죽은 것만 못하리라.'고 굳게 다짐했다.

인도의 마가다국 나란다대학에서 계현(戒賢,Silabhadra)의 제자가 되어 4년 동안 유식설에 대해 공부했다. 17년간(실제로 12년간 공부하고 5년은 여행으로 소비)을 산스크리트어의 경전연구에 몰입하고 또 불교유적을 순례하다가 657부의 경전을 가지고 다시 장안으로 귀국하여 번역사업에 종사한다.

당나라 때는 불교가 흥성하던 때로 실크로드의 나라들도 그를 열렬히 환영했다. 고창에서는 10일 동안 머무른 후 떠나려 하자 고창 왕 국문태(鞠文泰)가 보내주지 않자 단식으로 이에 항의하자 말 30필과 25명의 수행원과 4인의 승려를 동행시켜 주기도 했다. 대부분의 하늘을 나는 새들도 없으며 풀 한포기 나오지 않는 곳을 천신만고를 통해 지나기도 했다.

645년에 장안으로 돌아온 그를 당태종은 홍복사에서 살게 했다. 자은사가 낙성되자 번역원을 설치하고 그를 역경에 종사하도록 했다. 이 자은사에 오층탑(대안탑)을 건축하고 그 안에 인도에서 가져온 불경을 보관하고, 그는 서원에서 집필했다.

1) 역경(譯經)

불경은 본래 산스크리트어와 팔리어가 원전이다. 이 인도로부터의 불경을 한문으로 번역한 사람가운데 가장 저명한 사람이 구마라집(Kumarajiva鳩摩羅什, 344-413)과 현장이다. 구라라집은 중국인이 아닌 서역의 인물이지만 현장은 중국인으로 인도로 여행을 하여 원본을 구해와 번역한 위대한 역경가이다. 그는 주로 법상종 계통의 불경을 번역했고 최후에는 반야경을 한역했다.

현장의 다른 이름은 삼장법사이다. 삼장이란 대장경으로 경, 율, 논에 통달한 고승에게 부여되는 이름이다. 그의 인도여행의 동기는 불

교의 발상자인 석존의 자취를 순례하는 열망과 동시에 불교의 참뜻이 담겨있는 원전을 구하기 위한 것이었다. 특히 진제가 번역한《유가사지론》의 원전을 보기 위해서였다. 여기서는 기존의 대승불교의 공사상과 쌍벽을 이루는 일체유심의 진리가 들어있다고 생각했다.

당나라 시대에는 줄곧 불교의 지위가 우수한 것은 아니었지만 당태종 시대는 나라가 안정이 되었고 경전의 번역을 국가적으로 지원하였다. 여러 종파의 교리들이 발달하여 융성을 이루었다. 그는 19년 동안 그가 입수해 온 원전 가운데 무려 75부 1335권의 경론을 번역했다. 그의 번역은 축어적이며 매우 엄밀하고 원전도 인도 후기불교에 성립된 것이어서 번역방법이 일신되었다. 이러한 한역대장경은 오늘날까지도 한국의 고려대장경, 일본의 신수대장경들의 원전이 되고 있어서 현장의 역경은 불교사에 커다란 지위를 차지하고 있다.

2) 법상종(法相宗)

현장의 역경사업은 주로 법상종(法相宗)에 관련되어 그를 유식종 혹은 법상종의 창시자로 보기도 하지만, 정확히는 그의 제자 자은(慈恩)에 의해 시작되었다.

유식(唯識)에서 唯는 '오직'이란 뜻이고 識은 의식 또는 마음이다. 마음을 8가지로 분류한다. 인간의 오감인 안이비설신(眼耳鼻舌身)에 의해 다섯 가지 識인 안식(眼識), 이식(耳識), 설식(舌識), 신식(身識)이 있으며 의식은 제6식이다. 겉으로 나타난 의식의 저변에 잠재의식으로서 7식인 말라식과 8식인 아뢰야식이 존재한다. 이 잠재의식인 아뢰야식을 종자식이라고 하는데 거기에 행위의 종자들이 저장되어 있다. 이것을 청정하게 만들기 위해서 요가 수행이 필요하다. 마음을 청정하게 하여 거짓된 생각을 벗어나는 것이 중요한 목적이다. 이 유식설은 의식도 없고 대상 세계도 없는 반야사상과 연결된다.

신라의 원효대사와 의상대사는 현장대사가 인도에서 불경을 구하여 돌아왔다는 소식을 듣고 입당 유학을 결심했으나 원효대사는 해골바가지의 물을 통해 '일체유심조(一切唯心造)'임을 깨닫고 신라도 되돌아간다. 이 때 '일체유심'의 철학이 곧 유식학의 마음의 학이라고 할 수 있다. 유식을 기본으로 하는 법상종은 화엄종이나 천태종에 비해 인도스타일의 사고방식을 유지하고 있어서 오래 융성을 이루지는 못했다. 중국에서는 일반인들에게 오히려 선종과 정토종이 크게 발전하였다.

3) 대당서역기(大唐西域記)

현장의 구법여행은 장안에서 과주(瓜州, 돈황현)까지는 사람들이 많은 관계로 낮에는 숨어 있다고 오로지 밤에만 여행했다. 과주를 넘어 사막을 넘어 타시겐트와 사마르칸트를 넘어 간다라에 도달하고 인더스강을 건너 나란다대학까지 도착했다.

당태종은 현장이 방문하였던 나라에 관한 서면보고서를 요청했고, 현장은 인도에서 입수한 경전의 번역을 하여 국가에 기여하고자 했다. 현장이 기록한 138개국에 관한 정보는 그가 직접 방문한 곳이 110국이며 나머지는 자신이 들은 이야기이다. 『대당서역기』는 현장법사의 구술을 그의 제자인 변기(辯機)가 정리한 것으로 당태종에게 진사하였다. 이 책은 당시의 인도와 서역에 대한 기록을 담은 최고의 역사자료로 평가받고 있다. 그렇지만 현장의 궁극 목표는 불경을 공부하고 번역하는 것이었지 여행 그 자체가 목적은 아니었다. 현장 이후 수 많은 구법승들이 실크로드를 통해 여행한 것도 유사하지만 서역의 상황에 어두운 당시에 세속에서는 여행기 속의 각국의 정보가 더 중요한 것이었으므로 역경사업을 지원했다.

당태종의 지원을 받은 현장의 번역은 76부 1347권으로 가장 저명한 번역자인 구마라집보다 3배가 더 많은 양이다.

유명한 소설 『서유기(西遊記)』는 이 『대당서역기』에 가상적인 캐릭터인 손오공(孫悟空), 저팔계(豬八戒), 사오정(沙悟淨)등이 당승(唐僧)과 더불어 인도로 가는 이야기다. 신불(神佛)과 요마(妖魔) 그리고 주인공인 삼장법사와 일행이 서천으로 향하면서 한쪽은 불경을 구하는 목표를 가지고 나아가고 한편은 그것을 방해하는 역을 하면서 결국은 온갖 시련을 이겨내고 중국으로 돌아오는 흥미진진한 소설로, 대중적 인기를 모은 이야기책이다. 『서유기』의 주인공은 삼장법사보다는 오히려 손오공의 활약이 더 두드러지지만, 알고 보면 삼장법사의 휘하일 뿐이다. 대당서역기는 전무후무한 고대 중앙아시아와 인도에 관련된 여행기로 이후 많은 사람들의 호기심을 자극했으며 20세기의 탐험가들조차도 이 책의 역사장소를 탐험하는 것이 유행이 되기도 했다.

4) 반야심경의 번역

현장은 주로 유식관련의 번역을 수행했지만 최후의 삼년은 『대반야경』 600권을 모두 번역하였다. 이 대반야경을 축약한 것이 『반야심경』이다. 이 경전의 본래 제목은 『반야바라밀다심경(般若婆羅蜜多心經)』(Prajna Paramita Hrdaya Sutra)로 600권이나 되는 방대한 대반야경의 정수를 모아 요약한 내용으로, 지금도 불교도들의 276자로 구성된 필독의 경전이다. 심경의 심은 마음이 아니라 핵심, 정수를 뜻하는 흐르다야(Hrdaya)의 번역어이다. 본래 가지고 있는 위대한 지혜(prajna)에 이르는(paramita) 가르침이라고 할 수 있다.

현장의 향학열과 구도에의 의지는 놀라운 것이며, 그의 한역 경전은 한마디로 불후의 성과라고 할 수 있다. 중국사상사에는 걸출한 학자들과 사상가들이 등장하지만 현장법사와 같이 목숨을 걸로 학문을 탐구하기 위해 인도를 여행하고 그 자료를 통해 역경사업을 한 사람은 찾기 쉽지 않다.

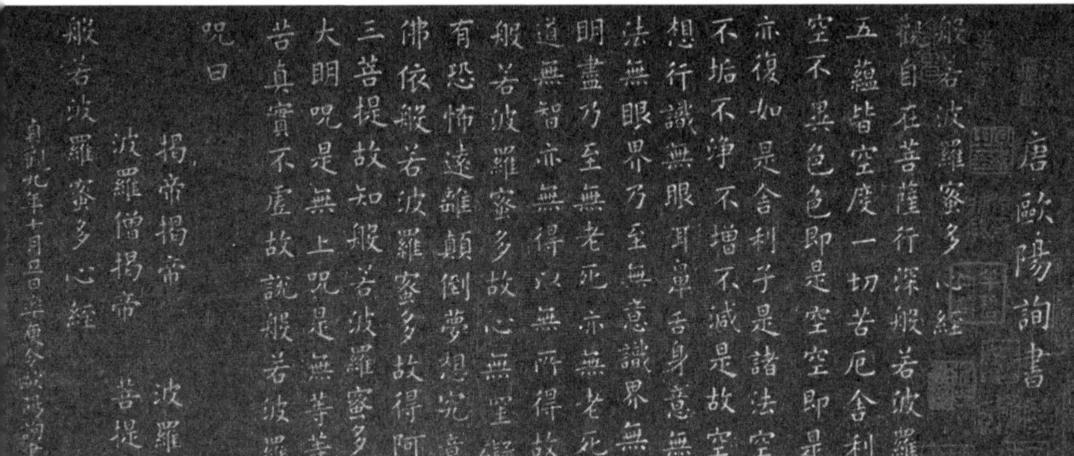
唐歐陽詢書
般若波羅蜜多心經
觀自在菩薩行深般若波羅蜜多時照見
五蘊皆空度一切苦厄舍利子色不異空
空不異色色即是空空即是色受想行識
亦復如是舍利子是諸法空相不生不滅
不垢不淨不增不減是故空中無色無受
想行識無眼耳鼻舌身意無色聲香味觸
法無眼界乃至無意識界無無明亦無無
明盡乃至無老死亦無老死盡無苦集滅
道無智亦無得以無所得故菩提薩埵依
般若波羅蜜多故心無罣礙無罣礙故無
有恐怖遠離顛倒夢想究竟涅槃三世諸
佛依般若波羅蜜多故得阿耨多羅三藐
三菩提故知般若波羅蜜多是大神咒是
大明咒是無上咒是無等等咒能除一切
苦真實不虛故說般若波羅蜜多咒即說
咒曰
揭帝揭帝 波羅揭帝
波羅僧揭帝 菩提薩婆訶
般若波羅蜜多心經

갈홍의 사상
(葛洪, 284-343)

중국 동진 때의 도교사상가로 포박자(抱朴子)라고도 한다. 신선양생술을 좋아했고 연단을 통하여 장수하는 수련법을 정리했다. 284년 강소성에서 태어났다. 사대부의 가정에서 태어났으나 13세에 부친을 여의어서 노동을 하면서 스스로 지필묵을 구했다고 한다. 16세에 이미 『효경』, 『논어』, 『시경』, 『주역』 등의 유교 고전은 물론 제자백가서와 역사서를 독파했다. 그의 성품이 조용하여 다른 사람과 농담하거나 다투지 않았고 과묵했다고 한다. 그래서 그의 별명이 포박자였는데 세상 사람들의 별명을 그대로 그의 호로 삼았다. 30세에 양주에서 석빙(石氷)의 반란이 일어나자 의병을 일으켜 반란을 진압했다. 35세에 고향으로 돌아가 『포박자(抱朴子)』 70권(내편 20편 외편 50편)을 저술했다. 『포박자』는 소박함을 견지한다는 뜻이며, 갈홍이 과거로부터 내려오는 신선사상을 집대성한 것으로, 도가에서는 신선과 방술을 논한 내편을 중시한다. 그는 61세에 세상을 떠났는데 죽은 얼굴이 살아있는 것과 같고 몸도 부드러워 사람들은 그를 시해선(尸解仙)이라고 했다.

그가 살던 위진(魏晉)시대는 후한시대의 혼란을 경험하였다. 서진이 멸망하고 그가 36세 되던해 동진이 건국되었다. 이 시대에 학술은 현학이 출현하였으며 불교와 도교가 사상계를 이끌었다. 갈홍은 그 가운데 신선도교를 체계화한 사상가라고 할 수 있다. 동진에서 그는 과거의 반란군 평정의 공으로 관중후(關中侯)의 작위를 받았다. 유가의 『오경』으로 상징되는 경학의 권위는 무너지고 오히려 잡학적 영역이 발전하였다. 이런 제국이 분열되고 혼란한 시기에 『포박자』를 썼다.

1) 신선사상

신선은 불사와 승천이라는 뜻이다. 이는 불로장생에 대한 소망과 죽음에 대한 고통을 벗어나려는 욕망에서 출발한다. 갈홍은 『포박자』

에서 신선에 대해 다루었고 뒤이어서 중국의 전설에 나오는 94명의 신선들을 정리한 『신선전』 10권을 썼다. 그는 신선에는 천선(天仙), 지선(地仙), 시해선(尸解仙)으로 나누었는데 특히 지선, 곧 지상의 신선을 강조했다. 신선은 정해진 것이 아니라 배워서 이룰 수 있는 것이라고 한다(神仙可學而成). 그렇지만 신선이 되고자 하는 자는 소의 털처럼 많지만 실제 신선이 되는 사람은 소의 뿔 만큼이나 드물다고 한다.

갈홍에게 있어서 인생의 목적은 불로장생하고 신선이 되는 것이다. 그렇게 하기 위해서는 마음을 담담하게 하고 욕망을 절제하며 선을 행하여야 한다. 지선이 되기 위해서는 300가지 선행을 해야 하고, 천선이 되고자 하면 1200가지 선행을 해야 한다. 가령 1199가지의 선행을 했더라고 한 가지 악행을 하면 이전의 선행은 모두 사라지고 다시 처음부터 선행을 해야 신선이 된다고 한다.

> "장생을 원하는 사람은 반드시 선을 쌓고 공을 세워야 한다. 자비심을 지니고 사물을 대하며 자신을 용서하듯 남을 용서하고 어진 마음이 곤충에까지 미쳐야 한다. 남의 행운을 기뻐하고 남의 괴로움을 가엽게 여기며 남의 위급함을 구해주고 남의 빈궁을 도와주어야 한다."[13]

그의 신선사상은 건강과 장수를 위한 것이라고 하더라도 사회적으로는 선행을 요구한다. 자기자신의 이익만을 위한 신선은 존재하지 않는다. 악행은 작은 일이라도 해서는 안되며 선행은 마땅히 해야 신선의 삶으로 변화한다. 적선을 하는 삶은 비록 신선의 꿈을 이루지 못하더라도 세상에서 불행한 일을 당하지 않는다는 것을 갈홍은 강조한다. 이점에서 그의 신선사상은 사회적 의무를 충실히 하는 유교의 가치와 일치하기도 한다.

---

13) 『포박자』, 「微至」.

2) 연단법(煉丹法)

연단은 크게 내단과 외단으로 나뉜다. 외단이란 외부의 힘이나 약을 이용하여 단을 제련해 내는 것이며, 반대로 내단은 인간 내부에 존재하는 정·기·신을 이용하여 몸안에서 단을 만드는 것을 말한다.

금단이란 금액(金液)과 단약(丹藥)을 합하여 부르는 용어이다. 이 금액을 만들기 위해서는 백일동안 목욕재계하고 속인들과 교재를 삼가야 한다. 명산 부근의 동쪽으로 흐르는 냇가에 따로 정사를 지어서 착수한다. 『주역참동계』에서도 "금의 성격은 썩지 않으므로 보배가 된다. 術士가 복용한다면 장구한 수명을 얻으리라. 금사(金砂)가 오장에 들어가면 마치 비바람처럼 온몸에 펴져서, 안색은 좋아지고, 흰머리는 검게 되고 없어졌던 이가 다시 나며, 노인은 젊은이가 되니, 몸을 변화시켜 죽음을 면하는 이를 진인이라고 한다."[14] 가장 핵심으로 삼고 있는 금 모든 물질가운데 변하지 않는 금을 만들어 복용함으로써 인간의 육신도 금과 같이 소멸되지 않는 몸을 가진다고 생각했다. 이 약을 복용하면 신체가 금의 성질처럼 강하고 견고해져서 불로장생 할 수 있다고 한다.

> "무릇 금단의 속성이란, 오래 가열하면 할수록 더욱더 영묘해진다. 황금은 불속에 넣고 백 번을 달구어도 소모되지 않는다. 흙 속에 묻어 두어도 영원히 썩지 않는다. 이 두가지 물건을 복용하면 인간의 신체를 단련하면 불로불사할 수 있다."[15]

불로장생은 인간의 꿈이다. 갈홍은 처음에는 약을 복용하는 외단을

---

14) 『주역참동계』, 제11장.

15) 『포박자』, 내편, 「金丹」.

중시했지만 그 단약은 과학적으로 검증이 되는 것은 아니다. 오히려 의의를 가진 것은 인간의 신체속에 들어있는 단(丹)을 수련하여 건강해지는 내단이 후일에 수련도교로서 의의를 가지게 된다.

3) 양생법(養生法)

'양생(養生)'의 문자적인 뜻은 '생명을 기르는 것'이다. 양생은 소우주로서 인간이 신비적 신체관과 정(精)·기(氣)·신(神)을 중심으로 한 것이다. 이 가운데서도 기를 유지하는 것이 중요한데, 그 이유는 천지만물은 기로 말미암아 존재하기 때문이다. 기는 살아가는 도중에 소모되는데 만약 이것이 전부 소진되면 죽는다. 일단 죽어버리면 다시는 살아 갈 수 없으므로 사람이 불로장생을 하기위해서는 기의 고갈과 소진을 막아야 한다.

사물을 잘 보호하고 양육하면 쉽게 소모되거나 허물어지지 않고 유지되는 것처럼 사람의 생명도 잘 보호하고 양육하면 불로장생할 수 있다.

행기(行氣)는 호흡법을 통하여 기를 운행시키는 것이다. 인간은 기를 부여받아서 태어났고 기 속에 살고 있으므로 기를 잘 호흡하지 않으면 안 된다. 행기의 방법은 우선 호흡인데, 천천히 조용히 해서 호흡하는 소리가 귀에 들리지 않아야 하고, 태아처럼 배 혹은 온 몸으로 호흡하는 태식(胎息)의 수련이 필요하다.

호흡을 할 때 깃털을 코에 대고 숨을 내쉬어도 깃털이 움직이지 않을 정도가 되어야 한다. 숨을 멈추고 120까지 숫자를 헤아리고 나서 마침내 천까지도 셀 수가 있게 되면, 노인은 더욱 젊어진다. 그의 호흡법은 태식을 최고로 쳤으며 오전에 수련하는 것이 생기를 받아들이는 데 좋다고 하였다.

양생법의 중요한 관건은 중용이다. 운동을 하는 것, 생각을 하는 것, 음식을 먹는 것, 살아가는 태도도 무리하거나 부족하면 병이 된다. 적당한 선에서 만족하고 그것을 즐기는 삶이 양생에 있어서 제일 좋다. 그러나 그 즐거움도 또한 지나치면 안되기 때문에 늘 균형과 조화의 삶을 유지하여야 한다.

갈홍사상의 요체는 건강과 장수라고 할 수 있다. 건강을 잃으면 모든 것을 잃는다는 것이 그의 신선사상의 진수라고 할 수 있다. 혼란기의 사회에서 사람들은 밖으로 향하는 시선을 멈추고 생명이 소중함을 일깨우고, 자신의 안녕과 건강을 염원한 것을 갈홍은 대변해 주었다.

> "대체로 사람들이 급급하게 바라는 것은 세리와 기욕이다. 그러나 내 몸이 건전치 못하다면 금과 옥이 산처럼 쌓여 있어도 혹은 옆에서 시중하는 미인이 만의 수를 헤아린다 하여도 차라리 없는 것만 못하다."[16]

---

16) 『포박자』, 내편, 「勤求」.

정현의 생애와 사상
(鄭玄, 127-200)

정현(127-200)의 자는 강성(康成)이고 북해(北海,산동성 高密)사람이다. 13세에 이미 오경(五經)을 다 읽었다. 18세에 지방 관리를 했으며 낙양의 태학에서 공부했던 동한 말기에 살았던 학자이다. 40세에 이미 저명한 경학의 대가가 되었다. 그가 살던 시대는 제갈량이 탄식했듯 환제와 영제 그리고 마지막 황제인 헌제에까지 환관과 외척들이 황제주변에서 장벽을 치고 국정을 농단하고 황건적들의 난이 일어난 혼란상태에 있었던 시기이다. 그는 바른 진언을 하다가 44세에서 58세까지 금고를 당하고 벼슬에 종사하지 못하고 연구와 강학으로 시간을 보냈다.

한대 경학의 집대성자이지만 유가사상 뿐만 아니라 참위 방술에도 관심이 많았다. 동중서가 금문경학을 중심으로 대일통 사상을 재해석하고 황제절대권과 중앙집권에 부응하는 이론을 세웠는데, 유흠과 같은 고문경학파는 금문경학의 미신적인 면을 부정하고 훈고학을 강조했다. 정현은 금문학파이 명유인 제오원선(第五元先)에게서 경씨의『역경(易經)』, 『춘추공양전』, 『삼통력(三統曆)』, 『구장산술(九章算術)』을 배웠다. 이후 고문학파의 명유인 장공조(張恭祖)에게서 『주관(周官)』, 『예기』, 『춘추좌씨전』, 『한시(韓詩)』, 『고문상서(古文尙書)』를 배웠다. 마지막으로 고문학파인 마융(馬融)을 만나 정수를 전수받았다. 그가 한쪽에 편향되지 않고 금문학파와 고문학파를 종합할 수 있었던 것은 이러한 향학열에 바탕을 두고 있다.

그는 일생동안 고적을 연구하여 주석을 남겼지만 현존하는 저술로는 『주례주(周禮注)』, 『의례주(儀禮注)』, 『예기주(禮記注)』그리고 『모시전(毛詩箋)』의 4책이 남아있다.

1) 경학사상

경학은 훈고학으로 통칭되며 연구의 대상은 오경이었다. 이 오경은 후일 9경으로 확대되었는데 『의례』, 『주례』, 『춘추좌씨전』, 『춘추공양전』, 『춘추곡량전』이 추가되었다. 남송 때 『논어』, 『효경』, 『이아(爾雅)』, 『맹자』가 추가되어 13경으로 확대되었다. 정현은 먼저 금문경학을 수학했다. 진시황의 분서갱유 이후 한 대에 육경의 옛 전적을 수집할 때 기억과 암송에 의거하여 구전되어 오던 것을 기록하여 금문이라 하였다. 이 금문경학은 한무제가 유교를 국교화하고 오경박사를 두었을 때 절대적인 권위를 가졌고 국가 대일통의 통치이념이었다. 그 가운데 『춘추공양전』이 중시되었다. 다만 이 금문학이 쇠락하게 된 것은 음양오행설에 기반을 둔 재이설과 참위설에 대한 부정적인 시대분위기였다. 이에 반해 고문은 땅속이나 공자 구택의 벽 속에서 찾아 낸 고본을 중시한다. 정현은 금문경학에 통달했지만 고문경학에 통합하여 경전을 주석했다. 정현 이전에는 두 파는 대립적이었지만 고문경학을 위주로 하여 경전해석에 신기원을 이루했고, 이후 정현의 간략하고 정확한 주석은 경학사상에 영향을 주었다. 그가 주석 작업을 한 경전은 『주역』, 『상서(尙書)』, 『모시(毛詩)』, 『주례』, 『의례』, 『예기』, 『논어』, 『효경』 등에 관한 것이었다. 청나라 시대의 이들의 경학사상이 재건되어 훈고학이 청대 고증학으로 발전되어 언어학이나 문자연구에 큰 성과를 거두었다.

권위있는 책을 경(經)이라 하고, 이 경에 대한 주석을 전(傳) 이나 주(注)라고 하며, 전(傳)과 주(注)를 풀이하는 것은 소(疎)라고 한다. 정현의 훈고학은 경전에 대한 주(注)를 통해 그 뜻을 보완하고자 했다. 훈고학은 고서를 해석하기 위한 공구학(工具學)이다. 훈(訓)이란 어의나 어기에 따라 해석하는 것이고 '고(詁)는 고대의 글자나 방언을 현대어나 표준어를 해석한다. 훈은 숙어나 구절 중심으로 문맥을 따라 해석하고, 고는 낱개의 글자를 중심으로 연구한다.

2) 예학 사상

정현은 예학사상에 관해 『주례』, 『의례』 그리고 『예기』에 대한 주석서를 남겼다. 이 경전을 흔히 삼례라고 하는데 바로 정현의 주석에 의해 그 가치가 높아진 것이며, 위나라에서는 이 삼례를 중시했고 이후에도 이것은 지속되었다.

『주례』는 천(天) · 지(地) · 춘(春) · 하(夏) · 추(秋) · 동(冬)의 구분을 통해 국가를 경영하기 위한 각 관부의 기능과 관직 『의례』는 관혼상제(冠.婚.喪.祭)를 비롯한 인간의 통과의례를 수록한 경전이다. 『예기』는 이러한 두 경전을 바탕으로 종합하여 기록한 경전이다. 모두 예치를 위한 의식과 그 정신 그리고 제도에 관한 것이다. 정현은 훈고학의 방식으로 경전의 문장을 분석하고 해서 예악사상을 정리했다. 그는 금문과 고문의 구별이 없어 양 파의 학설을 함께 취했다. 그는 경학의 전 영역에는 "예"질서가 있다고 하여 이를 체계화하였다. 특히 삼례를 통해 조정의 예법을 제정했으며 개인에게는 예로써 자신을 수양하는 '비례부동(非禮不動)'의 예의 정신을 확립하고 사회적으로 위계질서와 윤리도덕을 강화하려고 하였다. 후세의 예학은 그를 시조로 하며 예는 정학(鄭學)이라고 하여 높이 평가하였다.

『예기』는 대성(戴聖)이 편집한 49편의 『소대예기(小戴禮記)』를 정현이 주석을 붙여 『예기』라고 하였다. 이 가운데 『대학』과 『중용』은 주자에 의해 따로 독립되어 사서 가운데 두 권의 책으로 독립하였다.

3) 천인감응설

정현은 인간의 부귀와 귀천 등이 천명에 의하여 결정된다고 보았으며, 천명에 대해 공손히 따른 행위는 선이라고 하였다. 동중서와 만찬가지로 군자는 양이며 소인은 음이라고 하였다. 천인합일적 사상을 가졌으며, 봉건군주를 따르는 것은 자연스럽다고 보았다.

보리달마의 사상
(菩提達磨)

달마대사는 남천축(남인도의 마드라스 근처 칸치푸람)의 향지왕(香至王)의 왕자로 태어났다. 속명은 보리다라(菩提多羅)였다. 그는 오천축에서 유명한 고승이었다. 양나라 보통 8년(527) 광주(廣州)에 도착하여 금릉(金陵)에서 양무제를 만났다.

달마대사는 양무제와의 대화에서 양무제가 절을 세운 것과 탑을 세운 공덕을 묻자, 공덕이 없다는 '소무공덕(小無功德)'이라고 대답했다. 자만과 소득심에 가득한 아상을 타파하는 대답이라고 할 수 있다. 뒤에 위(魏)의 수도 낙양으로 가고 다시 숭산 소림사에 가서 좌선수행을 했다. 당시 낙양의 불교는 웅장하고 화려하였고 무역중심지이기도 했다. 소림사에서 9년 동안 벽관(壁觀) 수행을 하면서 불립문자(不立文字)의 도리를 가르쳤다. 혜가(慧可)가 찾아와 제자되기를 청했으나 관심을 두지 않았다. 혜가는 팔을 잘라 소위 '혜가단비(慧可斷臂)'의 결의를 표시한 후 달마의 맥을 이었다. 달마는 인도에서는 붓다의 정신을 이은 28조에 해당되고 중국선종에서는 초조(初祖)가 된다. 이조(二祖) 혜가에게 전한 법은 안심(安心) 법문이다.

혜가: 스님 제 마음이 불안합니다. 편안케 해주십시오. (我心未寧 乞師興安)

달마: 불안한 마음을 가져오느라.(將心來)

혜가; 찾아보아도 마음을 얻을 수 없습니다.(覓 心不可得)

달마; 내가 너의 마음을 편하게 해주었다.(我 與汝安心竟)

혜가(慧可, 487-593))에서 4권의 『능가경』과 가사를 신표로 전했다. 동위 효정왕 천평1년(535)에 입적했다. 혜가의 의발은 승찬(僧璨)에게 전해졌고, 승찬(?-606)은 그 법을 도신(道信,581-651)에게 전했다.

도신: 스님, 자비를 베풀어 해탈하게 해주십시오.

승찬; 해탈이라니, 누가 너를 묶었느냐?

도신; 아무도 묶지 않았습니다.

승찬; 아무도 묶지 않았는데 어째서 다시 해탈을 구하는가? 그대는 이미 해탈했느니라.

도신이 주석한 쌍봉산은 서산(西山)이라고 했는데, 이후 그의 의발은 홍인에게 전해졌다. 홍인은 그가 살던 산을 동산(東山)이라 불렀다. 동산법문은 육조 혜능에게 전해졌다.

선사상은 달마 이전에도 이미 있었다. 안세고는 『안반수의경』을 통해 호흡법과 수식관을 장려했다. 그것은 불로장생술의 도가적 수련과 일치한다. 북방에서는 오호십육국이 강남에서는 동진이 병립하던 때에 사람들은 안심입명을 갈망하면서 선종이 발전할 수 있는 토대를 마련한 셈이다.

달마대사의 사상

중국 선종은 불립문자(不立文字), 교외별전(教外別傳), 직지인심(直指人心), 견성성불(見性成佛)을 종지로 한다. 다른 종파와는 달리 달마대사가 직접 중국에 와서 전했으므로 경전이 아니라 스승과 제자 간에 심법을 통한 전승이 이루어졌다. 구두선이라는 말이 있듯 선은 실천적 수행을 바탕으로 한다.

1) 공(空)과 무상(無相)

대승경전의 요체는 공(空) · 무상(無相) · 무원(無願)의 해탈정신이다. 불성은 공하여 무상이며 진여는 공적하여 언어를 떠나 있다. 물질의 공과 마음의 공을 말한다. 본래 일물(一物)도 없다. 일체의 모든 것이 무상 · 고(苦) · 공 · 부정(不淨) · 무상(無相)이라 보면 공상이다.

'모든 것에서 그 상 없음을 본다면 곧 여래를 본다.'(若見諸相無相 卽見如來, 금강경) 여기서 상(相)이라 하는 것은 망심을 말한다. 마음에 망심이 없는 것이 불심이다. 문자언어에만 파묻히다 보면 그 명(名)과 상(相)에 이끌리어 집착하게 된다. 아상은 물론 법상도 버려야 깨달음을 얻는다. 이것은 문자와 학문이 불필요하다는 의미가 아니라 그 자체가 목적이 아니라 진리의 강을 건너게 하는 도구라는 뜻이다.

무명의 마음으로 탐·진·치의 삼독심을 야기한 것을 육바라밀로 깬다. 계를 닦아 탐독을 제거하며, 정(定)을 닦아 진독을 치유하며, 혜를 닦아 치독(癡毒)을 치료한다.

2) 이입사행(理入四行)

이는 진리이고 진리는 진여라고 한다. 이입(理入)은 진리를 알아 들어간다는 말이다. 중생들이 진성을 가지고 있으며, 경전에 의해 스스로 마음을 관해 자신과 상대가 둘이 아님을 깨닫는 것이다. 네 가지 행은 첫째 보원행(報怨行)으로 고난 받는 것을 자신이 지은 죄업을 받는 것으로 여기고 원망을 품지 않는 행, 둘째 수연행(隨緣行)으로 인연을 따르는 행, 셋째 무소구행(無所求行)으로 본래 무일물임을 깨달아 육신과 현상이 실유라고 집착하지 않는 것 그리고 넷째 칭 법행(稱法行)은 교의를 합당하게 실천하는 것으로 주로 육바라밀을 행하는 실천행이다.

사마천의 생애와 사상
(司馬遷, BC 145-BC 86)

사마천(BC 145-BC 86)은 부친 사마담의 사상과 학문을 이어 『사기』를 저술했다. 20대에 천하를 두루 여행하며 사람들과 만났고 중요한 역사유적을 탐방하고 여러 지방의 민심과 풍속을 접했다. 『사기』는 기전체(紀傳體)의 양식으로 본기(本紀) 12권, 표(表) 10권, 서(書) 8권, 세가(世家) 30권, 열전(列傳) 70권으로 구성되었다. 사마천의 『사기』는 고대로부터 현대에 이르기까지 역사서의 본보기가 되고 있다. 흉노에게 항복한 이릉(李陵)을 중과부적(衆寡不敵)으로 비호하다가 궁형을 당하게 된 그는 자신의 비운을 승화시켜 역사연구와 집필에 집중하였다. 죽간에 기록한 것이 52만 6천 5백자로 14년에 걸친 작업이었다.

남성을 잃고 목숨을 건진 사마천은 그 분을 저술을 통해 풀어야 했다. "매번 이러한 치욕을 생각할 때마다 등에서 땀이 흘러 옷이 젖지 않을 때가 없습니다."라고 기록된 술회에서 절망감을 읽을 수 있다. 그러나 그는 발분하여 천하에 잊혀진 옛 이야기를 모으고 그 일에 대해 흥망성쇠의 이치를 헤아려 마침내 『사기』를 완성하였다.

사기(史記)의 구성

본기

본기는 황제를 필두로 오제(五帝)로부터 하·은·주 삼대를 거쳐 진(秦)과 한(漢)에 이르는 모든 천자의 사적을 기록했다. 천자는 아니었지만 여태후(呂太后)와 항우의 기록도 포함되어 있다.

본기(本紀)는 오제본기(五帝本紀), 하본기(夏本紀), 은본기(殷本紀), 주본기(周本紀), 진본기(秦本紀), 진시황본기(秦始皇本紀), 항우본기(項羽本紀), 고조본기(高祖本紀), 여태후본기(呂太后本紀), 효문본기(孝文本紀), 효경본기(孝景本紀), 효무본기(孝武本紀)로 구성되었다.

표(表)

표는 역사의 대사를 기록한 연표이다. 본기에 나오는 제왕 및 제후들의 흥망을 정리하여 보여주는 연표이다. 삼대 세표(三代世表), 십이제후 연표(十二諸侯年表), 육국 연표(六國年表), 진초지제 월표(秦楚之際月表), 한흥 이래 제후연표(漢興以來諸侯年表), 고조 공신후자 연표(高祖功臣侯者年表), 혜경간후자 연표(惠景間侯者年表), 건원이래후자 연표(建元以來侯者年表), 건원이래왕자 연표(建元已來王子年表), 한흥이래장상명신연표(漢興以來將相名臣年表)로 구성되었다.

서(書)

문물제도의 연혁과 원리이다. 역대의 정책과 제도, 문물의 발달사 및 전망을 다룬다. 예서(禮書), 악서(樂書), 율서(律書), 역서(曆書), 천관서(天官書), 봉선시(封禪書), 하거서(河渠書), 평준서(平準書)로 구성되었다.

세가(世家)

제후의 연대기로 그 흥망성쇠를 기록한 것이다. 예외적으로 제후가 아닌 「공자세가」도 포함되어 있다. 사마천은 "주왕실이 쇠퇴하자 제후들은 제멋대로 날뛰었다. 공자는 예악이 무너지는 것을 슬퍼하면서 어지러운 세상을 바로잡아 정도(正道)로 돌려놓고자 했다. 그는 천하를 위해 법도과 규범을 수립하고 육예의 기강을 후세에 남겼다."라고 칭송한다. 진나라를 멸망시키고 반란을 일으킨 진섭도 왕과 같이 「진섭세가」에 포함시켰다. 진섭에 대해서는 머슴을 살다가 후일 왕이 되어 실패했지만 긍정적으로 묘사했다. '제비나 참새가 어찌 기러기나 백조의 뜻을 알리!'(燕雀安知 鴻鵠之志)라는 말이 나오고, 반란을 지휘할 때는 '왕과 제후나 장수나 정승이 어찌 씨가 따로 있겠는가(王侯將相寧有種乎)'라는 유명한 이야기가 쓰여 있다.

세가는 오태백 세가(吳太伯世家),제태공 세가(齊太公世家),노주공 세가(魯周公世家), 연소공 세가(燕召公世家), 관채 세가(管蔡世家), 진기 세가(陳杞世家), 위강숙 세가(衛康叔世家), 송미자 세가(宋微子世家), 진 세가(晉世家), 초 세가(楚世家), 월왕구천 세가(越王句踐世家), 정세가(鄭 世家), 조 세가(趙 世家), 위 세가(魏 世家), 한 세가(韓世家), 전경중완 세가(田敬仲完 世家), 공자 세가(孔子 世家), 진섭 세가(陳涉 世家), 외척 세가(外戚 世家), 초원왕 세가(楚元王 世家), 형연 세가(荊燕 世家), 제도혜왕 세가(齊悼惠王 世家), 소상국 세가(蕭相國 世家), 조상국 세가(曹相國世家), 유후 세가(留侯世家), 진승상 세가(陳丞相世家), 강후주발 세가(絳侯周勃世家), 양효왕 세가(梁孝王世家), 오종 세가(五宗世家), 삼왕세가(三王 世家)으로 구성되었다.

열전(列傳)

사마천의 문장이 가장 빼어난 곳이 「열전」이다. 천하의 공명을 세운 70명의 열전이다.

백이 열전(伯夷列傳), 관 · 안 열전(管晏列傳), 노자 · 한비 열전(老子韓非列傳), 사마양저 열전(司馬穰苴列傳), 손자 · 오기 열전(孫子吳起列傳), 오자서 열전(伍子胥列傳), 중니제자 열전(仲尼弟子列傳), 상군 열전(商君列傳), 소진 열전(蘇秦列傳), 장의 열전(張儀列傳), 저리자 · 감무 열전(樗里子甘茂列傳), 양후 열전

(穰侯列傳), 백기 · 왕전 열전(白起王翦列傳), 맹자 · 순경 열전(孟子荀卿列傳), 맹상군 열전(孟嘗君列傳), 평원군 · 우경 열전(平原君虞卿列傳), 위공자 열전(魏公子列傳), 춘신군 열전(春申君列傳), 범수 · 채택 열전(范雎蔡澤列傳), 악의 열전(樂毅列傳), 염파 · 인상여 열전(廉頗藺相如列傳), 전단 열전(田單列傳), 노중련 · 추양 열전(魯仲連鄒陽列傳), 굴원 · 가생 열전(屈原賈生列傳), 여불위 열전(呂不韋 列傳), 자객 열전(刺客 列傳), 이사열전(李斯 列傳), 몽염 열전(蒙恬 列傳), 장이 · 진여 열전(張耳陳餘列傳), 위표 · 팽월 열전(魏豹彭越列傳), 경포 열전(黥布列傳), 회음후 열전(淮陰侯列傳), 한신 · 노관 열전(韓信盧綰列傳), 전담 열전(田儋列傳), 번·역·등·관 열전(樊酈滕灌列傳), 장승상 열전(張丞相列傳), 역생 · 육고 열전(酈生陸賈列傳), 부·근·괴성 열전(傅靳蒯成列傳), 유경 · 숙손통 열전(劉敬叔孫通列傳), 계포 · 난포 열전(季布欒布列傳), 원앙 · 조조 열전(袁盎晁錯列傳), 장석지 · 풍당 열전(張釋之馮唐列傳), 만석 · 장숙 열전(萬石張叔列傳), 전숙 열전(田叔列傳), 편작 · 창공 열전(扁鵲倉公列傳), 오왕비 열전(吳王濞列傳), 위기· 무안후 열전(魏其武安侯列傳), 한장유 열전(韓長孺列傳), 이장군 열전(李將軍列傳), 흉노 열전(匈奴列傳), 위장군 · 표기 열전(衛將軍驃騎列傳), 평진후· 주부 열전(平津侯主父列傳), 남월 열전(南越列傳), 동월 열전(東越列傳), 조선 열전(朝鮮列傳), 서남이 열전(西南夷列傳), 사마상여 열전(司馬相如列傳), 회남 · 형산 열전(淮南衡山列傳), 순리 열전(循吏列傳), 급 · 정 열전(汲鄭列傳), 유림 열전(儒林列傳), 혹리 열전(酷吏列傳), 대원 열전(大宛列傳), 유협 열전(遊俠列傳), 영행 열전(佞幸列傳), 골계 열전(滑稽列傳), 일자 열전(日者列傳), 귀책 열전(龜策列傳), 화식 열전(貨殖列傳), 태사공자서(太史公自序) 로 구성되었다.

사기(史記)의 명언명구(名句名言)

1. 상식만천하(相識滿天下), 지심유기인(知心有几人)
   천하에 아는 사람이 가득하여도 마음통하는 사람 몇이나 될까.

2. 일국지정 만인지명(一國之政, 萬人之命) 현우재상 가불신여(懸于宰相, 可不愼歟)
   한나라의 정치와 백성의 목숨이 재상 한 사람에게 달렸으니 어찌 삼가고 조심하지 않으랴

3. 화불망지 복부도래(禍不妄至, 福不徒來)
   화는 망령되게 이르지 않고, 복은 그냥 오지 않는다.

4. 천하안 주의상(天下安, 注意相) 천하위 주의장(天下危, 注意將)
   천하가 편안하면 재상을 중시하고, 천하가 위태로우면 장수를 중시한다.

5. 농천하지본(農天下之本) 무막대언(務莫大焉)
   농사는 천하의 근본이요, 힘써야 할 것이 이보다 큰 것이 없다.

6. 법령자치지구(法令者治之具), 이비제치청탁지원야(而非制治淸濁之源也)
   법령이란 다스림의 도구일 뿐, 백성들의 맑고 탁함을 다스리는 근원은 아니다.

7. 전려부정 후유대환(前慮不定, 後有大患)
   앞서 생각하여 정해두지 않으면 뒤에 큰 재앙이 있다.

8. 인자애만물(仁者愛萬物), 이지자비화우미형(而智者備禍于未形), 불인부지 하이위국(不仁不智, 何以爲國?)
   어진 사람은 만물을 사랑하고, 지혜로운 사람은 재앙을 미연에 대비한다. 어질지도 못하고 지혜롭지도 못하면 무엇으로 나라를 다스릴 수 있을 것인가?

9. 군자불가불포신심지우(君子不可不抱身心之憂) 역불가불탐풍월지취(亦不可不 耽風月之趣)

군자는 몸과 마음의 근심을 지니지 않아서도 안 되지만 또한 청풍명월을 즐기는 취미도 갖지 않으면 안 된다.

10. 항장무검 의재패공(項庄舞劍, 意在沛公)

항장이 검무를 추는 의도는 유방(劉邦)을 죽이는 데 있다.

11 불명즉이 일명량인(不鳴則已, 一鳴惊人)

울지 않으면 그뿐이지만 한번 울면 사람을 놀래게 한다.

12 중구삭금 적훼쇄골(衆口鑠金, 積毁鎖骨)

여러 입은 쇠도 삭이고 자꾸 씹으면 뼈도 녹는다.

13. 도리불언 하자성혜(桃李不言, 下自成蹊)

복숭아 오얏 나무가 말이 없어도 그 아래 길이 난다.

14. 실지호리 류이천리(失之毫厘, 謬以千里)

터럭만큼의 차이의 실수로 천리만큼의 차이가 된다.

15. 운주유악지중(運籌帷幄之中), 결승천리지외(決胜千里之外)

장막 안에서 계획하여 천리 밖의 승리를 결정한다.

16, 충언역이이우행(忠言逆耳利于行), 양약고구이우병(良藥苦口利于病)

충고하는 말은 귀에 거슬리지만 이롭고. 좋은 약은 입에 쓰지만 병치료에 이롭다.

17. 인고유일사(人固有一死), 혹중우태산(或重于泰山), 혹경우홍모(或輕于鴻毛)

사람은 누구나 한 번 죽는데, 그 죽음에는 태산보다 무거운 것도 있고, 기러기 털보다 가벼운 것도 있다.

18. 지자천려 필유일실(智者千慮, 必有一失) 우자천려 필유일득(愚者千慮, 必有一得)

지혜로운 사람도 천 번 생각하는 가운데 반드시 한번은 실수할 수 있고, 어리석은 사람이라도 천 번 생각하면 반드시 한번은 얻을 수 있다.

19. 인각임기능 갈기력 이득소욕(人各任其能, 竭其力, 以得所欲) 고물천지정귀 귀지정귀(故物賤之征貴, 貴之征賤) 각공기업 낙기사 약수지추하일야무휴시(各功其業, 樂其事, 若水之趨下, 日夜無休時), 불소이자래 불구이민출지(不召而自來, 不求而民出之)

사람들은 각기 자기의 능력에 따라 힘을 다해 원하는 것을 얻는다. 그러므로 물건 값이 싸다는 것은 비싸질 조짐이고 비싸다는 것은 싸질 조짐이다. 사람들이 자기 일에 힘쓰고 그 일을 즐기면 이는 마치 물이 아래로 흐르는 것 같아 밤낮으로 쉬는 때가 없다. 그래서 백성을 부르지 않아도 스스로 오고, 구하지 않아도 스스로 일하러 나간다.

20. 대행불고세근 대례불사소양(大行不顧細謹, 大礼不辭小讓)

큰 행동은 세밀한 근신를 고려하지 않으며, 큰 예의는 사소한 사양에 신경 쓰지 않는다.

21. 인위도조 아위어육(人爲刀俎, 我爲魚肉)

다른 사람은 칼과 도마요, 나는 고기이다.

춘추전국시대의 사상

손자(孫子, B.C. 545년경-B.C. 470)의 생애와 사상

순자(荀子, B.C. 336-B.C. 238)의 생애와 사상

장자(莊子, B.C. 369-B.C. 286)의 생애와 사상

맹자(孟子, B.C. 372-B.C. 289)의 생애와 사상

손자의 생애와 사상
(孫子, B.C. 545년경-B.C. 470)

1. 손자의 생애

이름은 무(武)이고 자는 장경(長卿)이며 훗날 무성인(武聖人)으로 존경 받았다. 기원전 541년 산동성에서 출생하였다. 지금의 소주 부근에서 있었던 오나라의 오자서(伍子胥)의 추천으로 오왕 합려(B.C. 514-496)에게 발탁되었다. 합려는 궁녀 180명을 훈련해 보도록 하여 손자의 지휘력을 시험했다.

『손자병법』은 13편 6109자로 이루어진 죽간을 적은 책이었다가, 후손인 손빈이 수정보완한 것이 『손자병법』이다. 중국인들은 고대에서부터 오늘에 이르기까지 이 책을 소중히 생각했으며, 중국뿐만 아니라 1722년 프랑스의 신부 아미오(Marie Amiot)가 불어로 번역했다. 나폴레옹도 군무가 바쁜 가운데서도 이 책을 읽었다. 영어로는 1910년 완역되었다. 고대의 전략가들이 이미 이 책을 애독했으며 근대의 일본제국주의의 지도자들 모택동, 맥아더 등도 이 책에서 많은 영감을 얻었다고 한다. 조선시대에는 무과시험의 과목이었으며 이순신의 승전의 비결도 손자병법의 원칙에 충실했기 때문이다.

2. 손자의 사상

손자병법은 노자의 무위사상을 배경으로 싸우지 않고 승리하는 것을 가치있게 본다. 백번 싸워 백번 이기는 것보다 싸우지 않고 적을 굴복시키는 것이 최선이다.

손자병법의 13편을 오늘날 현대적 의미로 분석하면 다음과 같다.

시계(始計) 오사묘산론(五事妙算論) 근본을 따져 목표를 수립함.
작전(作戰) 속전속결론(速戰速決論) 위험과 비용을 철저히 분석함
모공(謀功) 상병벌모론(上兵伐謀論) 지피지기(知彼知己)의 중요성, 전략의 창조
군형(軍形) 필승지세론(必勝之勢論) 임전태세의 완비와 집중의 원리
군세(軍勢) 기정상생론(奇正相生論) 변화의 원리
허실(虛實) 출기불의론(出其不意論) 피아의 전략적 강점과 약점의 파악. 예상을 역이용
군쟁(軍爭) 풍림화산론(風林火山論) 공격과 수비의 타이밍
구변(九變) 군명불수론(君命不受論) 임기응변과 현장의 중시
행군(行軍) 경적필패론(輕敵必敗論) 지형에 따른 전투배치, 실행의 치밀함과 신중
지형(地形) 지피지기론(知彼知己論) 환경과 전략과 조직역량의 균형

구지(九地) 오월동주론(吳越同舟論) 하지 않을 수 없는 분위기 조성
화공(火攻) 화공수공론(火攻水攻論) 최소희생으로 최대효과 올림
용간(用間) 명군현장론(明君賢將論) 정보의 중요성, 간첩의 활용

1) 지피지기(知彼知己)

손자병법 가운데 가장 유명한 말이다.

> "적을 알고 나를 알면 백 번 싸워서 위태롭지 않고, 적을 알지 못하고 나만 알면 한 번 이기고 한 번 지고, 적을 알지 못하고 나도 알지 못하면 매양 싸워 반드시 패한다."(知彼知己百戰不殆 不知彼)而知己 一勝一負 不知彼而不知己 每戰必敗.)

전쟁은 한 나라의 존망이 걸려있는 큰 사건이다. 신중에 신중을 기하여 관찰하여야 하는 일이므로[17] 항상 주변국의 동향을 파악하고 대비하지 않으면 안 된다. 전쟁 뿐 만이 아니라 인생의 일들이 상황을 정확하게 파악하는 것이 성공의 원리이기도 하다. 그러나 전쟁이란 국민의 생명과 재산을 희생하는 일이므로 가능하면 하지 않는 것이 좋다. 그것은 게임이 아니기 때문이다. 전쟁에 대비하기는 하지만 전쟁을 수행하지 않고 그 목적을 이루는 것이 손자가 권유하는 책략이다.

> "백번 싸워 백번 이기는 것이 선의 선한 것이 아니다. 싸우지 않고 사람의 군사를 굴복케 하는 것이 선의 선한 것이다."(百戰百勝 非善之善者也 不戰而屈人之兵 善之善者也.)

---

17) 兵者 國之大事也 死生之也 存亡之道 不可不察也

불가피하게 전쟁이 일어나면 감정적 울분이나 개인적 노여움을 벗어나 냉정한 판단이 필요하다. 왜냐하면 그 안에 국가의 존망과 개인의 생명이 달려있기 때문이다.

> "임금은 노여움을 가지고 군사를 일으켜서는 안 되고, 장수는 분함을 가지고 싸움에 이르게 해서는 안 된다. 이익에 합하면 움직이고, 이익에 합하지 않으면 그친다. 노여움은 다시 기뻐할 수 있고, 분함은 다시 기쁠 수 있으나, 망한 나라는 다시 존재할 수 없고, 죽은 사람은 다시 살아날 수 없다. 그러므로 밝은 임금은 조심하고, 어진 장수는 경계한다. 이것이 나라를 편안히 하고 군사를 온전히 하는 것이다."[18]

2) 유비무환(有備無患), 만전의 준비

평시에 국방의 충실을 기하고 유사시에 대비한 전쟁의 계획과 만전을 기하는 유비무환의 사상이다. 정보를 확보하기 위해서는 많은 비용을 투자해야 한다. 적의 내부사정을 모르고서는 전쟁에 이길 수 없다. 준비를 끝낸 상태에서 준비하지 못한 자를 기다리는 자는 승리한다(以虞 待不虞者 勝 이우대불우자승)

거안사위(居安思危) 편안할 때 위태로움을 생각하라는 것도 만전주의의 사상이다.

정보의 수집을 위해 간첩을 활용하는데 다섯가지의 유형이 있다.

> 향간(鄕間) : 고을의 백성을 써서 현지에서 정보를 수집함.
> 내간(內間) : 적국의 관리를 매수하여 정보를 수집함.

---

18) 主不可以怒 將不可以慍而致戰 合於利而動 不合於利而止 怒可以復喜 慍可以復悅 亡國不可以復存 死者不可以復生 故明主愼之 良將警之 此安國全軍之道也.

반간(反間) : 적의 간첩을 포섭해서 역이용함.
사간(死間) : 아군의 간첩에게 잘못된 정보를 주고, 거짓정보를 줌.
생간(生間) : 적진에 들어가 정보를 수집하고 살아 돌아와 보고하게 하는 것

전쟁이 일어나면 바로 대응하고 적을 공격할 수 있는 임전태세 등에 만전을 기하는 일이야 말로 전쟁의 원리이다. 평시에 유사시에 대비한 훈련, 위기의식과 안전의식을 가지고 대비하는 일이야 말로 승리의 비결이다.

3) 기정(奇正)의 작전, 전쟁은 속임수다.

전쟁은 원칙이 없다. 때로는 원칙이 중요하지만 때로는 변칙을 쓰지 않을 수 없다. 원칙이 정(正)이라면 기(奇)는 예측할 수 없는 변칙이다. 최상의 방법은 미리 적의 계획을 분쇄하고, 그 다음은 외교력으로 파괴하고, 그 다음은 무기로 정복하고 마지막은 적의 성곽을 공격하는 것이다. 손자의 병법에서는 전쟁의 방법을 정도(正道)가 아닌 궤도(詭道)라고 본다. 정도는 상(常)은 정(靜)이요 궤도는 변(變)이며 동(動)이다. 이러한 움직임과 정지함을 활용하여 임기응변하는 것이 승리의 원리이다.

"이롭게 하여 꾄다."(利而誘之)
"어지럽게 하여 취한다."(亂而取之)
"실하면 대비한다."(實而備之)
"강하면 피한다."(强而避之)
"성나게 하여 어지럽힌다."(怒而搖之)
"낮추어 교만하게 한다."(卑而驕之)

"그 갖춤이 없는 것을 치고, 그 뜻하지 않은 것에 나간다."(攻其無備 出其不意).

세상의 모든 것은 절대로 고정불변하지 않는다.

적과 대치하는 자가 자신의 의도를 알게 하면 안 되고 적의 의도와 상황을 면밀히 보면서 그때 그때 대응하는 전략이다. 여기에는 정해진 법칙이 있지 않다.

4) 풍림화산(風林火山)

공격과 수비에 대해서 손자는 자연의 움직임을 형용한다. 일본 전국시대의 다이묘(大名) 다케다 신겐(武田信玄)은 손자병법을 즐겨 읽어 풍림화산 전술을 전투에서 적극적으로 응용했다.

기질여풍(其疾如風), 빠르기는 바람처럼: 군대가 움직일 때는 바람처럼 빨라야 한다.

기서여림(其徐如林), 그 조용함이 숲처럼: 군대가 멈출 때는 숲처럼 고요해야 한다.

침략여화(侵掠如火), 공격은 불처럼: 공격할 때는 타는 불처럼 기세가 맹렬해야 한다.

부동여산(不動如山), 움직이지 않음은 산처럼: 움직이지 않을 때는 산처럼 동요하지 않아야 한다.

난지여음(難知如陰), 알기어려움은 그늘처럼: 숨을 때는 그늘처럼 보이지 않아야 한다.

동여뇌진(動如雷震), 움직임은 번개처럼: 신속히 움직일 때는 번개처럼 빨라야 한다.

바람처럼, 불처럼, 번개처럼은 상대방이 대비할 수 없는 과감하고 신속한 공격력을 비유하고 있으며, 숲처럼 산처럼, 그늘처럼은 상대방이 아군을 공격하지 못하도록 철저히 대비하는 비유이다. 같은 전력을 가졌더라도 적절한 타이밍을 가지고 대응하는 것이 승리의 원리이다.

장수가 성을 잘 내고, 참을성이 없고, 조급하여서는 안된다. 성낼 때는 크게 성내지만 태연히 움직이지 않아야 할 때는 태산처럼 진중해야 한다. 그래야 병사들에게 안정감과 신뢰감을 줄 수 있다. 무엇보다도 적으로 하여금 그 마음을 엿볼 수 없게 하는 것이다.

5) 속전속결(速戰速決)

"그 싸움을 함에 이기는 것이 오래면 곧 군사를 무디게 하고 날카로움을 꺾게 된다."(其用戰也 勝久則鈍兵挫銳)

승부를 오래 끌면 군대는 무디어진다. 가능하면 속전속결을 통해 목적을 이루어야 한다. 하지만 그 속전속결을 분쇄하기 위해서는 산처럼 그늘처럼 숲처럼 조용한 마음으로 대처하여 방어하는 전략도 중요하다.

6) 신상필벌(信賞必罰)

지휘통솔을 할 때 친근하기 전에 벌을 주면 심복하지 않을 것이고, 친근해졌다고 해서 벌을 주지 않으면 위신이 서지 않는다.

7) 승부의 오사(五事)와 칠계(七計)

전쟁의 승패를 미리 점칠 수 있는 조건들이 있다. 그것이 오사이다.

첫째 도(道), 어느 쪽이 도덕적 대의명분이 있는가.

둘째 천(天), 어느 쪽이 기상과 기후의 자연조건이나 환경이 잘 갖추어져 있는가.

셋째 지(地), 어느 쪽이 지리적 이점을 가지고 있는가.

넷째 장(將), 어느 쪽이 유능한 장수가 있는가. 장수는 첫째 지략이 있어야 하며 둘째 신의가 있어야 하고 셋째 인자해야 하며 넷째 용기가 있어야 하고 마지막으로 위엄이 있어야 한다.[19]

다섯째 법(法), 어느 쪽이 엄정한 규율이 있는가.

19) 將者, 智信仁勇嚴也.

칠계(七計)는 다음과 같다. 주변국가 비교우위에 있으면 전쟁에 승리할 수 있지만, 이러한 것들이 갖추어져 있다면 패배할 가능성이 많다.

어느 쪽의 군주가 훌륭한 정치를 하는가.(主孰有道)
어느 쪽에 유능한 장수가 있는가.(將孰有能)
어느 쪽이 천시와 지리를 갖추었는가.(天地孰得)
어느 쪽이 법령이 제대로 시행되는가.(法令孰行)
어느 쪽의 병사들이 강한가.(兵衆孰强)
어느 쪽의 병사들이 훈련되어 있는가.(士卒孰練)
어느 쪽이 상벌이 공정한가.(賞罰孰明)

손자병법은 Art of War라고 하여 이미 세계적인 고전이 되었다. 역대의 지휘관들이 이 원리를 이용하여 승리를 했으며, 오늘날에도 치열한 생존경쟁에서 낙오되지 않기 위해서는 유비무환(有備無患)이나 지피지기(知彼知己)의 전략을 응용하는 매우 실제적인 중국의 전략사상이라고 하겠다.

순자의 생애와 사상
(荀子, B.C. 336-B.C. 238)

순자는 기원전 336년경에 조나라에서 태어나서 기원전 238년 경에 세상을 떠났다. 이름은 황(況)이며 자는 경(卿)이다. 그는 전국시대 말기의 인물로 진시황이 천하통일을 하기 전의 사상계에서 활약했다. 이 전국시대는 조(趙), 한(韓), 위(魏), 제(齊), 연(燕), 진(秦), 초(楚) 등 국가 간 정복전쟁이 끊임없이 일어나고, 국가 안에서도 상하의 질서 및 기강이 붕괴되어 백성들은 도탄에 빠진 혼란기였다. 순자는 15세 무렵 제나라에 가서 공부했다. 그는 제주(祭酒)를 역임하여 존경받았다. 그의 학문은 법가인 한비와 이사(李斯)에게 전해졌다. 이사는 후일 진시황의 재상이 되었다.

한 대 이후 위진 남북조를 거쳐 당나라 시대에도 순자는 칭송받는 사상가였다. 그는 제자백가의 학설을 섭렵하여 종합하여 맹자를 비판하고 새로운 학설을 주장했다. 선진유학이 성리학적 체제로 전변되면서 맹자를 정통으로 삼으면서 순자는 이단시 되었다.

춘추전국시대 서적을 총 정리했던 한나라 유향(劉向)은 순자가 남겼다는 수만 자의 문헌가운데 32편으로 확정하여 재정리한 것이 『손경신서(孫卿新書)』이다. 현재 전해지는 『순자』 20권은 당나라 양량(楊倞)이 재편집하여 주석을 붙인 것이다

1) 천인분리설

천을 자연으로 규정하는 순자의 입장은 유가보다는 도가에 기원을 두고 있다. 순자에게 천(天)은 자연의 의미를 넘어서지 않으며 신비주의적 존재와는 무관하다. 순자는 천에 대한 신성함이나 종교적 요소들을 부정하였다. 천의 운행은 고유한 법칙을 가지고 있으며, 요임금 위해서 존재하거나 걸왕을 위해 사라지는 것이 아니다.

"국가의 치란(治亂)은 하늘에 달린 것일까? 해와 달과 별들이 순환하는 것을 보건데, 성왕이신 우임금때나 폭군인 걸왕 때나 조금도 다를 것이 없다. 그런데도 우임금 대는 나라가 잘 다스려졌고, 걸왕 때는 나라가 어지러워졌다. 이것으로 보면 국가의 치란과 천과는 아무 상관도 없는 것이다."[20]

천과 인간의 관계는 분리되어 있다. 농사일에 힘써서 절약한다면 하늘이 가난하게 할 수 없고. 음식을 잘 먹고 섭생을 잘하면 하늘도 병들게 할 수 없으며, 도를 따라 어기지 않으면 하늘도 화를 입히지 못한다고 하여 인간의 노력을 강조했다.

2) 성악설적 인간관

인간의 성품은 태어나면서부터 이익을 좋아한다.[21] 인간의 성품은 굶주리면 먹고자 하고, 추우면 따뜻하고자 하며, 힘들면 쉬고자 한다. 이것이 인간의 감정이고 본성이다.[22]

눈은 아름다운 색을 좋아하고, 귀는 아름다운 소리를 좋아하고, 입은 맛있는 음식을 좋아하고, 마음은 이익을 좋아하며, 육체는 편안함을 좋아한다. 이것은 모두 인간의 감정과 본성에서 나온 것이다.[23]

"인간의 본성은 악한데, 그 선한 것은 위(僞)이다."

---

20) 『순자』, 「천론」, '治亂天邪 日日月星辰瑞歷是禹桀之所同也 禹以治 桀以亂 治亂非天也.'

21) 『순자』, 「성악」, '今人之性 生而有好利焉.'

22) 『순자』, 「성악」, '今人之性 飢而欲飽 寒而欲煖 勞而欲休 此人之情性也.'

23) 『순자』, 「성악」, '若夫目好色 耳好聲 口好味 心好利 骨體膚理好愉扶 是皆生於人之情性者也.'

이 대목은 화성기위(化性起僞)라고 하는데 위에 대해서 허위로 해석하는 것이 아니라 인간의 노력을 해석한다. 요순이 요순인 까닭은 화성기위(化性起僞) 곧 본성에 후천적인 예의 습관을 쌓아 그 본성을 바꾸고 예의를 이루었기 때문이며, 도척(盜跖)이 도척이 된 까닭은 더하지 본성이 후천적으로 위(僞) 곧 예의와 습관을 더하지 아니하고 본성이 가는 데로 따랐기 때문이다. 순자가 교육을 강조하고 학습과 수양의 필요성을 역설한 것과 스승과 벗 그리고 환경을 중시한 것은 인간에게 화성(化性)의 가능성이 있기 때문이다.

사람의 본성을 따르고 사람의 감정을 좇는다면 다투고 빼앗게 되며, 분수를 어기고 이치를 어지럽히게 되어 난폭함으로 귀결될 것이다.[24] 사람이 명예를 좋아하고 치욕을 싫어하며 이로움을 좋아하고 해로움을 싫어하는 것도 군자와 소인이 똑같다.

물과 불은 기운은 있으나 생명이 없다. 초목은 생명은 있으나 지각능력이 없다. 금수는 지각능력은 있으나 의로움이 없다. 그런데 인간은 기운도 있고 생명도 있고 지각능력도 있고 의로움도 있다. 따라서 인간이 천하에서 가장 존귀하다. 금수는 부자가 있으나 부자간의 친함은 없으며, 암수는 있어도 남녀의 분별은 없다. 그러므로 인간의 도리는 분별이 없을 수 없다. 분별은 상하의 분별보다 더 큰 것이 없고 상하의 분별 중에 예가 으뜸이다.

사람은 후천적인 환경의 지배를 받는다고 했다. 초나라에서 살면 초나라 습관이 생기고 월나라에 살면 월나라의 습관이 생기며, 하나라에 살면 하나라의 습관이 생긴다. 이것은 인간이 천성에 의해서가 아니라 후천적 습관과 풍속이 중요하다고 보았다.

---

24) 『순자』, 「성악」, '從人之性 順人之性 必出於爭奪 合於犯分亂理而歸於暴.'

3) 예치(禮治)

예는 어디에서 생겨났는가? 사람은 나면서부터 욕망이 있는데, 바라면서도 얻지 못하면 추구하지 않을 수 없고, 추구함이 일정한 기준과 한계가 없다면 다투지 않을 수 없다.[25] 인간이 만물의 영장인 까닭은 사회생활을 하기 때문이며 그 사회가 원활하게 작동하기 위해서는 필수적으로 예가 필요하다.

> "힘은 소만 못하고 달리기는 말만 못한데, 소와 말은 어째서 사람에게 부림을 받는가? 그것은 사람들은 여럿이 힘을 합쳐 모여 살 수 있으나, 소나 말은 여럿이 힘을 합쳐 모여 살 수 없기 때문이다. 사람은 어떻게 여럿이 힘을 합쳐 모여 살 수 있는가? 이것은 분별이 있기 때문이다. 그 분별은 어떻게 할 수 있는가? 그것은 의로움이 있기 때문이다. 그러므로 의로움으로써 사람들을 분별 지으면 화합하고, 화합하면 하나로 뭉치고, 하나로 뭉치면 이 많아지고, 힘이 많으면 강해지고, 강하면 만물을 이겨낼 수 있다. 그래서 가옥에서 생을 영위할 수가 있는 것이다."[26]

예에는 세 가지 근본이 있다고 한다. 천지와 자연은 생명의 근본이요, 선조는 종족이 근본이고 임금은 치평의 근본이라고 하였다. 천지가 아니면 생명이 없고, 선조가 아니면 나오지 못했을 것이고 임금이 아니면 다스려지지 않는다. 그러므로 위로는 하늘을 섬기고 아래로는 땅을 섬기며 선조를 존경하고 임금을 높이는 것이 예인 것이다.

---

25) 『순자』, 「예론」, '禮起於何也. 曰人生而有欲 欲而不得 則不能無求 求而無度分界 則不能不爭.'

26) 『순자』, 「왕제」, "力不若牛 走不若馬 而牛馬爲用 何也. 曰人能羣 彼不能羣也 人何以能 曰分 分何以能行 曰義 故義以分則和 和則一 一則多力 多力則彊 彊則勝物 故宮室不可得而居之也.'

"만약 내가 천하지만 귀하게 되고 싶고, 어리석지만 지혜로워지며, 가난하지만 부유하게 되고 싶다면, 가능하겠는가? 대답하기를, 그것은 오직 배움(學)에 달린 것이다."[27]

군자는 배움을 멈출 수가 없다. 푸르름은 쪽에서 얻어지지만 쪽보다 푸르며, 얼음은 물이 언 것이지만 물보다 차다. 나무는 먹줄에 맞춰야 곧아지고, 쇠는 숫돌에 갈아야 날카로워진다. 군자는 넓게 배우고 날마다 자기를 살펴야 지혜가 밝아지고 행동이 허물이 없다.[28]

"스승의 감화를 받고 학문을 쌓아서 예의를 숭상하는 사람은 성인군자(聖人·君子)가 되고, 성정을 좇아 멋대로 하며 예의를 지키지 않는 사람은 소인(小人)이 된다."[29]

옛날에 배우는 사람은 자기를 위했는데, 요즘 사람은 남을 위한다. 군자의 배움은 자신을 아름답게 하는 것이고, 소인의 배움은 남에게 보이기 위해서이다. 따라서 묻지 않았는데도 말하면 뽐내는 것이고, 하나를 물었는데도 둘을 말하면 시끄러운 것이다. 뽐내도 시끄러워서도 안 된다. 군자는 메아리 같아야 한다.

---

27) 『순자』, 「유효」, '我欲淺而貴 愚而智 貧而富 可乎 日 其唯學乎.'

28) 『순자』, 「권학」, '靑取之於藍 而靑於藍 氷水爲之 而寒於水 金就礪則制 君子博學而日參省乎已 則知明而行無過矣.'

29) 『순자』, 「성악」, '今之人 化師法 積文學 道禮義者 爲君子 縱性情 安恣館 而違禮儀者爲小人.'

장자의 생애와 사상
(莊子, B.C. 369-B.C. 286)

장자(B.C. 369-B.C, 286) 송나라의 몽(蒙, 지금의 河南省 商丘)에서 태어났다. 송나라는 이후 초(楚)나라에 속하게 되었다. 이름은 주(周)이며 자는 자휴(子休)다. 그는 옻나무 장원의 관리를 지내기도 했다. 도교에서는 남화진인(南華眞人)이라고 이름한다.

『장자』는 단일 저자의 일관된 사상체계를 보여주기 보다는 전국시대에서 한초에 이르는 시간에 걸친 다수의 저자들의 작품이다. 당나라의 현종은 이 책을 경으로 승격시켜 『남화진경(南華眞經)』이라 하였다. 진(晋)나라의 곽상은 33편으로 장자를 편집하였다. 내편인 7편은 장자의 철학을 충실하게 반영하고 있고, 외편 15편과 잡편 11편은 후대에 이루어졌다.

이 33편의 내용을 요약해 보면, 첫째 자기 생명을 온전히 보존할 것인가를 다루었고, (양생주, 인간세) 둘째는 사회질서나 사회규범인 예를 비판 하고, (마제, 변무, 거협, 재유) 셋째는 양생과 수련 문제를 다루고,(각의, 선성, 달생) 넷째는 자연을 다루며(천지, 천도, 천운) 다섯째는 상대적 세계관을 다루고 있다.(소요유, 제물론, 추수)

1) 물아일체(物我一體)

기가 모여서 만물을 생성하며, 그것은 다시 흩어져서 하나의 기로 돌아간다. "하늘과 땅이라는 것은 만물의 부모다. 하늘의 양기와 땅의 음기가 합쳐지면 형체가 이루어지고, 흩어지면 처음의 무로 돌아간다." 천지만물의 우리와 더불어 생성되었고, 만물은 나와 더불어 하나이다.

인간의 육신(飢骨毛血)을 모여 이루고 지각운동을 있게 하는 것이 기다. 그러므로 기가 있고 나서 형체가 있고 형체가 있는 뒤에 생명이 있다. 인간의 생명의 변화는 네 가지 단계가 있다고도 한다.

1) 사람은 애초에 기가 있지 아니하고 그 망물(芒物)의 사이에 감(感)하여 흐르다가 기가 된다.
2) 기가 모이고 형체가 된다.
3) 형체가 움직이고 생명이 된다.
4) 생명이 오래한 즉 형체가 쇠약하고 기가 소모되어 또 죽는다.(至樂) 이 네 가지 변화는 사람에게 부득불 있는 것이다. 하늘에 비교하자면 사시(四時)의 운행과 같은 것이다. 사람이 사시에 겨울이 없을 수 없는 것을 안다면 또한 죽음을 거부하는 것이 불가능함을 알 것이다.

2) 성심(成心)

고정된 곳에서 정서가 막혀 일가의 편견을 잡는 것을 이른다. 곧 자기가 옳다고 하는 마음이다. 사람들은 자기의 편견에 의지하여 시비 표준을 삼는다면 표준이란 없는 것이다. 성심이란 이미 형성된 편향된

견해로 극복해야 되는 마음이다. 이러한 성심을 버리고 마음을 비운 상태에서 직관함으로써 도를 인식할 수 있다.

> "너에게 우선 시험 삼아 물어 보겠다. 사람들은 습한 곳에서 잠자면 허리병을 얻어 몸이 마비되어 죽으나 미꾸라지도 그러한가? 사람이 나무에 올라가면 두려워 어쩔 줄 모르나 원숭이도 그러한가? ...원숭이를 수달이 암컷으로 삼고 고라니는 사슴과 교미하며, 미꾸라지는 물고기와 노닌다. 모장(毛嬙)과 여희(麗姬)는 사람들이 보면 아름답게 여기나 고기가 그들을 보면 깊이 숨어 버리고 새가 그들을 보면 높이 날아가 버리고 고라니와 사슴이 그들을 보면 뒤도 돌아보지 않고 도망친다. 사람과 물고기와 새와 사슴 넷 가운데 어느 것이 천하의 정색(正色)을 안다는 말인가? 내 입장에서 보면 인의와 시비의 기준이 어지러우니 내가 어떻게 그것을 판단할 수 있겠는가?"[30]

3) 심재(心齋)와 좌망(坐忘)

심재란 이목과 마음을 버리고 기운의 성질이 자득하는 바에 따라 부합하여 허심으로 만물에 응하는 것이다. 일체의 감각적 지식과 이성적 지식을 부정하고 마음을 비워야 도를 알 수 있다.

좌망은 사지와 몸을 잊어버리고 귀와 눈의 작용을 없애고 형체를 떠나고 지식을 버려서 대통(大通)하는 도와 합치하는 것을 말한다. 심재가 마음을 무지무욕의 고요한 상태로 텅 비게 하여 일체의 대상에 빠짐없이 포용할 수 있는 하나의 기의 상태로 환원시키는 것에 대해 좌망은 모든 사물을 잊고 결국에는 자타와 내외가 없는 경지에 이르는 것이다.

---

30) 『莊子』, 「齊物論」'且吾嘗試問乎女: 民溼寢則腰疾偏死, 鰍與魚遊, 毛嬙麗姬, 人之所美也: 魚見之深入,鳥見之決驟. 四者孰之天下之正色哉? 自我觀之, 仁義之端, 是非之塗,樊然殽亂, 吾惡能知其辯!'

"안회가 '저는 얻은 것이 있었습니다.'라고 말하였다. 공자는 '무엇을 얻었는가?'라고 물었다. 안회가 '인의(仁義)를 잊었습니다.'라고 대답했다. 공자는 '그러나 아직 충분하지는 않다.'라고 말했다. 안회는 다른 날 공자를 만났을 때 '얻은 것이 있습니다.'라고 말했다. '무엇인가?' 라고 공자가 물었을 때 '예악(禮樂)을 잊었습니다.'라고 대답했다. 공자는 또 '아직 멀었다.' 라고 했다. 안회는 다른 날 '얻은 것이 있습니다.'라고 했다. 공자는 '무엇을 얻었는가?'라고 물으니 안회는 '좌망(坐忘)했습니다.'라고 했다.

그때 공자는 놀라서 묻기를 '무엇을 좌망(坐忘)이라고 하는가?'라고 물었다. 그때 안회는 '손발이나 몸을 잊고, 총명을 멀리하며, 형태를 벗어나며, 지식을 버리고 저 위대한 도(道)와 하나가 됨을 좌망이라고 합니다.'라고 했다. 그때 공자는 '하나가 되면 싫다 좋다하는 차별도 없으며, 변화하여 구애됨이 없다. 과연 너는 현자로다. 나도 너에게 배우고 싶다.'[31]

"나는 도를 닦게 하여 그를 가르치니 3일이 지나자 천지를 잊어버리게 되었고...7일이 지나자 만물을 잊어버리게 되었고....9일이 지나자 생사를 잊어버리게 되었으며, 이미 생사를 잊어버리게 된 뒤에는 아침 햇살이 문틈으로 비치는 것처럼 순식간에 마음이 밝아졌고, 이렇게 된 다음에 도를 볼 수 있었다."(대종사)

"대체로 텅 비어 고요함(虛靜)과 편안하고 담담함과 적적하고 쓸쓸함(寂寞) 그리고 무위(無爲)의 네 가지는 천지의 표준이요 도덕의 극치"라고 했다.

4) 제물(齊物)

장자는 상대주의적 관점의 입장에서 인간의식의 획일화된 가치 기준에 대항하여 다양성과 특수성을 논증한다. 저것과 이것, 삶과 죽음, 가능과 불가능, 옳음과 그름 등에 고립적으로 존재하는 것이 아니라 상호 연관되어 상대를 전제로 성립한다. 인간의 생사는 대립되는 두

---

31) 『장자』, 「대종사」 '顔回曰 回益矣 仲尼曰何謂也....'

가지가 아니라 근본적으로 하나의 영역 안에 있다. 살아 있음에 기쁘기도 하겠지만 죽음도 기꺼이 맞는 자세로 함께 가져야 한다.

대립하는 상대의 어느 한쪽에 섰을 때 그 대립은 종식되지 않기 때문에 둘을 다 긍정하지 않을 수 없다는 논리다. 그는 제자백가 가운데 유교와 묵가의 대립에 대해 시비를 초월한 명지(明智)에 서있는 것을 선택한다.[32] 말하자면 어느 한쪽이 옳으면 다른 쪽은 그릇되게 되는 한 밝은 지혜가 아니라는 것이다.

5) 반유교적 사상

장자는 유학자들이 말하는 도덕적 가르침을 하잘 것 없는 것으로 무시했다. 그는 도는 만물 속에 내재해 있는 것이지 편향되게 머무는 것이 아니라고 말한다.

> "성스러움을 끊고 지혜를 버려라. 큰 도둑들이 그칠 것이다. 옥을 내던지고 구슬을 부숴 버려라. 작은 도둑들이 일어나지 않을 것이다. 부절을 태우고 옥쇄를 깨버려라. 民이 소박해 질 것이다. 뒷 박을 쪼개고 저울을 부러 뜨려라. 민이 다투지 않게 될 것이다. 세상의 성법(聖法)들을 없애버려라. 민이 비로소 함께 논의할 수 있게 될 것이다."(『장자』,「거협」)

도와 덕은 함께 합쳐 말해야 의의가 깊지만, 우위에 있는 것은 도라고 할 수 있다. '도를 잃은 다음에 덕이니 네 가지(道-德-仁-義)는 각각 잃은 대소로 차례를 삼는다.[33]

32) 『莊子』「齊物論」'故儒墨之是非. 以是其所非, 而非其所是, 欲是其所非, 而非其所是, 則莫若以明'

33) 『장자』,「知北遊」

맹자의 생애와 사상
(孟子, B.C. 372-B.C. 289)

맹자의 생애

맹자(孟子, B.C 372-B.C 289)는 공자의 사상을 이어 발전시킨 학자이다. 전국 시대 노나라의 추읍(鄒邑, 지금의 산동성 추현) 사람으로 이름은 가(軻)이고, 자는 자여(子輿)이고 아성(亞聖)이라고 한다. 공자를 숭배하고, 공자의 사상을 정통적으로 이어 후세에 유교를 공맹사상이고 했다. 그의 어머니는 맹자를 훌륭하게 키우기 위해 세 번 이사를 했다는 맹모삼천지교(孟母三遷之教)의 주인공이다. 공자의 고향인 제나라로 가서 공자의 손자인 자사(子思)의 문인에게서 육예를 배웠다.

그는 묵적(墨翟)의 겸애설과 양주(楊朱)의 쾌락설을 무부무군(無父無君)의 가르침과 이기주의로 비판하고 유가 사상을 확립했다. 성선설에 입각하여 도덕정치인 인정(仁政)을 주장했다. 맹자는 한나라때 까지 주목을 받지 못하다가, 남송때 주자에 의해 높이 평가되고 사서(四書)의 하나로 편성되었다. 맹자는 「양혜왕」, 「공손추」, 「등문공」, 「이루」, 「만장」, 「고자」, 「진심」의 7편으로 구성되었다. 한국에서는 고려 말에 주자학이 도입되면서 맹자의 위상이 높아졌으며 조선왕조는 성리학과 인정을 정치이념으로 하였다.

맹자의 사상

1) 성선설

사람의 본성은 선한 것이다. 그것은 물이 낮은 곳으로 흐르는 것과 같다. 사람의 성은 선하지 않음이 없어서 마치 물이 낮은 곳으로 흘러가는 것과 같다고 한다. 맹자 당시에 고자(告子)는 사람이 태어날 때는 생리적 본능을 가지고 있을 뿐이며, 선악의 구분이 없고 선은 후천적으로 형성된다고 하였다.

맹자는 인간의 마음에는 인(仁)·의(義)·예(禮)·지(智) 등의 4덕(四德)이 구비되어 있는데 그 근거로 '측은지심(惻隱之心)'을 인의 단서로, '수오지심(羞惡之心)'을 의(義)의 단서로, 사양지심(辭讓之心)을 예(禮)의 단서로 그리고 '시비지심(是非之心)'을 智의 단서라고 하여 사단(四端)이라 하였다.

전국시대의 불신과 전쟁의 시대에 그는 인간의 양심을 인정하고, 오로지 인의에 근거하여 수양하고 또 그에 근거하여 도덕정치를 실시하는 것이 최고의 이상이라고 주장했다.

2) 호연지기(浩然之氣)

성선설에 바탕한 착한 본성을 길러서 확충하기 위해서는 사람의 노력이 필요하다. 그 가운데 좋은 기(氣)를 기르는 것이 필요하며, 그 좋은 기를 그는 호연지기(浩然之氣)라고 한다. 호연이란 큰 기상으로 의로운 마음을 쌓음으로써 가능하다고 했다.

맹자는 우산(牛山)의 숲을 예로 들면서, 그 숲은 본시 아름답지만 그곳에 가축들이 풀을 뜯고 짓밟으면 숲이 사라지고 결국은 황무지가 된다고 비유했다. 그렇지만 그 터에 가축들이 짓밟지 못하게 통제하고 본성을 회복시키면 다시 풀과 나무가 자라게 되고 아름다운 숲이 된다. 사람의 심성도 이와 같아서 잃어버린 마음을 다시 찾는 구방심(求

放心)을 하면 본성을 회복할 수 있다. 물론 그것은 하루아침에 이루어지지 않는 것이고, 또한 급하게 성취하기 어렵기 때문에 그는 '물조장(勿助長)' 곧 성급하게 성취하지 말라고 했다. 씨를 심은 뒤 빨리 자라게 하기 위해 억지로 조장을 하면 뿌리를 내리지 못하는 것처럼 사람의 심성도 홀연 수양이 되는 것이 아니다.

다만 선한 마음이 인간의 본성이자 가능성이므로 늘 성찰하는 삶이 필요하다. "사람들은 집에서 기르던 개나 닭을 잃어버리면 그것을 찾아야 한다는 것은 잘 알고 있다.(人有鷄犬放則知求之), 그런데 마음을 잃어버리면 도대체 다시 찾아야 한다는 것은 모르고 있다.(放心而不知求)" 인간의 양심이 실종됨은 그의 건강과 돈 혹은 명예를 실종하는 것보다 더 심각한 일이다. 그렇게 하지 않기 위해서 방심(放心)하지 말고 호연지기를 유지하여야 한다.

3) 왕도정치

맹자는 군주중심의 정치보다는 민본주의가 옳다고 보았다. 백성이 가장 중요한 존재이며 사직이 그 다음이고 군주는 가장 가벼운 것으로 보았다. 왕이 왕다워야 비로소 왕이지, 타이틀만 왕일뿐 왕답지 못하면 결코 왕이 아니라고 했다. 본시 왕은 천명을 수행하는 존재이므로 천명을 거역하는 왕은 왕의 자격이 없으므로 혁명이 가능하다고 했다.

맹자는 힘과 법에 의한 정치는 패도(覇道)정치임에 비해 왕이 양심에 입각하여 도덕정치를 하는 것이 최고의 이상이라고 했다. 그는 희생에 끌려가는 소를 불쌍히 여긴 왕의 不忍의 마음이 곧 정치의 원리라고 하였다. 차마 하지 못하는 측은의 마음을 가지고 정치를 해야 하므로 이를 인정(仁政)이라고 했다.

맹자는 공리주의(功利主義)는 이익에 기준을 두기 때문에 패도정치가 되며, 사람들이 저마다 이익을 추구하므로 좋은 세상이 될 수 없다고 하였다. 가장 좋은 정치는 양심과 염치를 알게하여 법이 없어도 유지되는 세상이라는 점을 강조했다.

> "만승의 나라에 그 임금을 죽이는 사람은 반드시 천승의 집이요, 천승의 나라에 그 임금을 죽이는 사람은 반드시 백승의 집이니, 만에서 천을 취하며, 천에서 백을 취하는 것이 많음이 되지 않은 것이 아니로되, 진실로 의(義)를 뒤로 하고서 이(利)를 먼저 하면 다 빼앗지 않고서는 만족하지 아니함이라. 어질(仁)고서 그 어버이를 버리는 사람이 잇지 아니하며, 의롭고(義)서 그 임금을 뒤로 하는(등지는) 사람이 있지 않습니다. 왕은 또한 인(仁)과 의(義)를 말씀할 따름이시니 어찌 반드시 이(利)를 말씀하십니까?"(맹자, 「양혜왕」)

그러나 맹자는 모든 것을 양심의 문제로 종결시키지 않았다. 민본사상에 입각하여 백성들이 안정된 직업에 종사할 수 있도록 좋은 정치를 펼쳐야 비로소 왕도정치가 성공한다고 보았다.

> "안정된 생업(恒産)이 없으면서도 안정된 마음(恒心)을 품는 것은 오직 선비에게만 가능한 일이다. 백성으로 말하자면 안정된 생업이 없으면 안정된 마음도 없는 법이다. 안정된 마음이 없으면 방탕하고(放), 편벽되고(僻), 사악하고(邪), 사치한(侈) 짓을 하지 않을 수 없다. 그리하여 이들이 마침내 죄를 저지르게 한 다음에 그에 따라 처벌한다면 이것은 백성을 그물로 긁어서 투옥시키는 짓이다. 어찌 어진 사람이 군주 자리에 있으면서 백성을 그물질할 수 있는가? 이런 까닭으로, 밝은 군주는 백성의 생업을 제정

> 해 주되, 반드시 위로는 부모를 섬기기에 족하게 하고, 아래로는 처자를 건사하기에 족하게 하여, 풍년에는 1년 내내 배부르게 하고 흉년에는 사망을 면하도록 했던 것이다. 그런 다음 백성들을 선하게 만들었으니, 그런 까닭에 백성들이 따르기 쉬웠다.....늙은이가 비단옷을 입고 고기를 먹으며, 젊은이가 굶주리지 않고 춥지 않을 수 있는 정치, 이렇게 하고서도 왕도를 펴지 못하는 자는 아직 없다."(孟子, 「梁惠王」 上)

맹자는 순자에 의해 비현실적인 가르침으로 비판받았지만, 공자의 정수를 계승한 도통(道統)으로 존중되었다. 한나라 시대 유교가 국교가 되면서 동중서는 맹자를 정통으로 규정했고, 공자를 지성(至聖)으로 그리고 맹자를 아성(亞聖)으로 존중하였다.

부록

공자의 문답법과 개성존중의 소통방식

여산(廬山) 혜원(慧遠)의 백련결사(白蓮結社)

19세기 옹방강과 조선금석학

일제하 이병헌의 공자교운동

공자의 문답법과 개성존중의 소통방식

1. 서론

오늘날 소통에 대한 주제는 우리사회의 소위 소통부재라는 성찰과 더불어 인문학의 화두로 등장된 개념이다. 소통(疏通)[34]은 본시 한자어에 있었던 것인데, 커뮤니케이션(communication)에 대한 번역어이기도 하다. 커뮤니케이션은 라틴어 'communis'에서 유래했는데, 그 어원은 '공통되는(common)' 것과 '나누다(share)'의 두 가지를 포함한 것이라고 한다.

우리는 소통을 다룸에 있어서 동아시아의 문화적 선동이 민주주의적이라기 보다는 권위주의라는 고정관념을 가지고 있다. 소위 '아시아적 가치'[35]란 경제부국을 이룸에 있어서 권위주의적인 가치도 일조했

34) 본 논문발표시 귀중한 논평을 해 준 장윤수 교수는 논평문에서 "고착된 자신을 터버리고[疏] 타자와 근원적으로 통(通)하려는 의지"라고 하여 명쾌한 풀이를 했다. 다시 한번 감사드린다. 邱鎭京 撰, 『論語思想體系』, 文津出版社, 民國 70년, 147쪽. "禮記經解篇, 曾記孔子之言, '入其國, 其教可知也. 溫柔敦厚, 詩教也. 疏通知遠, 書教也." 서경을 설명하면서 역사의 의미가 소통하여 심원하게 아는 것이라고 한 점 역시 같은 맥락이다.

35) "Asian Values" and Democracy in Asia, Proceedings of a Conference, Shizuoka Prefecture Government and the Organizing Committee of the Asian-Pacific Forum, 28th March, 1997.

다는 의미를 가지고 있어서 소통부재의 권위주의가 유교적 위계질서에서 유래한 것으로 보고 있다. 혹자는 1960년대 이래 한국의 군사정권이 급속한 산업화의 수 십 년 동안에 그들의 권위주의적 통치를 옹호하기 위해 충효의 유교사상을 사용해왔으며, 오늘날까지 이러한 사상은 공식적으로 더 이상 강제되지는 않을지라도 사회의 보수적 힘으로 기여하고 있는 것이 사실이라고도 한다.[36]

공자에게 있어서 소통이란 무엇일까? 소통에 대한 기존의 연구[37]는 仁이야 말로 공자와 유교의 소통을 설명하는 주요개념이 된다. 仁은 자신의 양심과의 대화이기도 하려니와 대인관계의 사랑이기도 한 것이며, 다른 사람을 사랑하고 존중하는 소통의 방식이라고 한다.

그러나 이러한 소통의 개념은 너무 광대하기 때문에 본 논문에서는 상호존중을 바탕으로 한 공자의 대화의 정신을 주로 다루고자 한다. 대화의 의사소통이란 예나 지금이나 다른 사람과의 관계를 맺고 의사를 주고받는 일인데, 고대에서의 소통방식은 문자와 대화가 주류를 이루었을 것이다. 공자에게 있어서는 분명하고 보편적인 가치체계가 있었지만 어떤 주제나 개념에 대해 절대불변의 고집을 가지고 임하기보다는 어떤 주제에 대해 다른 사람과 충분히 논의하고 있는 것을 발견할 수 있다.

그의 일상생활을 담은 어록인 『논어』는 그의 소통방식을 들여다 볼 수 있는 자료가 된다. 여기서는 많은 대화들이 오가는데 그는 열린 마

36) Kim Uchang, Asian Values and Modernity: From Morality to Law, International Conference on Universal Ethics and Asian Values, 4-6 October, 1999. 4쪽.

37) William Yau-nag Ng. Confucian Ideas on Communication, Journal of the Asian Research Center for Religion and Social Communication, Vol.3. No.1. 2005.

음으로 언제나 대화의 문을 열어 놓고 있으며 자신의 의견에 집착하지 않고 상대의 이야기에 귀 기울이며 소통하는 모습들을 쉽게 찾아 볼 수 있다.

그리스의 소크라테스가 진리를 탐구하는 과정에 대화를 존중하고 제자들 스스로 진리를 깨닫게 도와주었던 것처럼 공자 역시 제자들과 대화를 통해 교감하면서 문제를 해결하는 방식을 취하고 있다. 만약에 적절한 제자들의 질문이 없었더라면 공자의 중요한 사상들이 세상에 알려지지 않았을 정도로 제자들의 질문은 중요한 의의가 있고, 그런 질문으로 인해 유교사상의 중요한 이론들이 형성될 수 있었다. 공자 역시 제자들에게 반문을 하기도 했다.

공자의 시대가 지나가고 유교가 관학으로서의 권위를 갖게 되면서 마치 고정된 절대불변의 진리처럼 절대화되기도 했으나, 적어도 공자의 시대에서는 이런 고정된 유교진리가 있기 보다는 자유롭게 의사소통을 통해 논의의 여지를 남기고 있었다.

공자는 문답과 논의를 중시했고, 대화상대를 존중하는 태도를 가졌을 뿐만 아니라 교육에 있어서도 제자들의 개성에 부응해서 임했다. 이러한 것들이 소통방식의 중요한 실마리가 되는데, 본 논문에서는 그의 문답법의 특징과 개성존중의 소통방식을 알아보려고 한다.

2. 공자의 문답법의 특징

1) 개방성

논어를 보면 많은 부분이 대화로 이루어지고 있다. '공자 가라사대'

란 공자가 자문자답하기보다는 누군가 질문했을 때의 대답이라고 볼 수 있다. 만약에 다른 사람의 질문이 없었다면 공자의 사상은 풍부하지 않았을 정도로 문답이 중요한 비중을 차지하고 있는 것이다.

『공자의 인간과 신화』에서 크릴은 공자에게 있어서 절대 신이나 절대진리의 불변성 같은 것을 찾아보기 힘들다고 하면서, 그런 점에서 권위적인 인간이나 권위적인 도그마 혹은 체면 존중의 태도와는 사뭇 다른 것으로 보고 있다.[38]

공자의 주장은 자신의 의견을 절대적으로 옳다고 밀어붙이는 스타일이 아니다. 자신도 잘못되고 허물이 있을 수 있는 것이라고 인정한다. 중요한 것은 잘못된 것을 그대로 밀고 나가는 것이 아니라 언제든 고칠 수 있는 개방적인 자세가 필요하다. '오류를 범하고도 고치지 않는 것이야말로 오류를 범하는 것이며' '만약 과오를 범하였을 때는 그것을 인정하고 고치는 것을 꺼리지 말라'라는 것을 거듭 강조하였다.[39]

> 공자께서 끊어버린 일이 네 가지가 있으니, 자의대로 하는 일이 없었고, 기필코 하는 일이 없었고, 고집하는 일이 없었고, 자기를 내세우는 일이 없으셨다.[40]

무의(毋意)란 어떤 선입견이나 고정관념과 같은 마음을 갖지 않는다는 것

---

38) H.J 크릴, 이성규 역 『공자, 인간과 신화』 지식산업사. 158쪽.
H.G. Creel, Confucius and the Chinese Way(1947)

39) 『論語』. 「學而」 "허물이 있으면 고치기를 꺼리지 말 것"(過則勿憚改) 「述而」 "선하지 못한 것을 고칠 수 없는 것이 나의 걱정"(不善不能改 是吾憂也) 「子罕」 "허물이 있으면 고치기를 꺼리지 말 것"(過則勿憚改) 「衛靈公」 "허물을 고치지 않는 것이 바로 허물"(過而不改 是謂過矣)

40) 『論語』. 「子罕」: 子 絕四 毋意. 毋必. 毋固. 毋我.

으로 공정한 태도라고 하겠다. 무필(毋必)도 기필코 하겠다는 혹은 자신이 절대적으로 옳다는 강박관념이 없는 태도이다. 무고(毋固)는 완고하지 않다는 뜻이며, 마지막으로 무아(毋我)는 아집이나 자기중심이 아니라는 뜻이다. 이런 태도야 말로 공자의 대화를 할 수 있는 자세로서의 열린 마음이라고 할 것이다. 그에게 있어서는 편견과 선입관 같은 것에 의해 결론은 미리 예단하는 것은 옳지 않은 것이었다. 모르는 것에 대해 모르는 것으로 인정함으로써 바른 인식에 이를 수 있다고 말하고 있다.[41]

만약 공자가 자신만이 유일한 진리의 수호자라고 자부하고 자처하고 있었더라면 자유로운 대화의 여지는 없었을 것이다. 대화는 정해진 결론이 있는 것이 아니라 의견이 서로 다를 수 있기 때문에 그 문제에 대해 논의할 수 있는 것이다. 한쪽의 의견만이 아닌 양쪽의 입장이 고려된다는 점에서 일방의 의견을 벗어나 타협이 가능해 지는 것이다. 공자의 자세는 언제나 자신의 오류나 무지를 솔직하게 받아들일 수 있었다. 공자 스스로가 자신을 성인(聖人)이라고 자처한 적이 없다.

자공이 물었다. 선생님은 성인이십니까?
공자가 대답하기를, 성인은 나에게 가능하지 않다. 나는 배우기를 싫어하지 않고 가르치는 일을 싫증내지 않을 뿐이다.[42]

과거 주자학적 가치를 절대시한 시대에는 분명 이러한 공자의 개방성이 강조되지 못했다. 유교가 공자의 태도와 달리 권위적이고 교조적인 역할을 더 나아가서 체제유지를 위한 이데올로기적 역할을 했음에

41) 『論語』「爲政」: 子曰 由 誨女 知之乎 知之爲知之 不知爲不知 是知也.

42) 『論語』「公孫丑」

도 불구하고 오늘날까지 유교가 살아남을 수 있는 것은 그의 절대적 진리성이 아니라 공자본래의 개방성에 기인한다고 볼 수 있다.

공자학단에는 스승과 제자사이에 인간적인 교섭과 대화의 장이 있었다. 거기서는 일방적으로 가르치기만 한 것이 아니라 서로가 서로를 가슴이 열린 자연스러운 분위기가 있었으며, 서로에게 배우는 '教學相長'[43]의 장이었던 것이다.

> 스승 또한 '나를 닮으라.'고 명령하는 것과는 달리, 나도 아니고 너도 아닌 그이, 곧 서로가 「인간」 그것을, 이상적 인간상을 그려 놓고 이를 닮아갈 것을 기원하는 것이다.[44]

권위적이며 준엄한 스승이 아닌 제자의 어떤 질문에도 마음을 열고 대화하는 모습이야말로 공자적인 자세였다는 것을 짐작할 수 있다. 이렇게 마음을 열고 대화하는 자세야말로 공자방식의 소통방식이었음은 물론이다. 그는 어떤 주제에 대해서도 마음을 열어두었으며, 논의할 수 있는 대화 상대로서의 스승이었으며, 제자의 어리석은 질문에도 모욕하거나 우습게보지 않도록 했고, 어리석은 질문과 말이라고 생각되더라도 그 질문을 무시하지 않았다.

---

43) 教學相長에 관련된 논문으로 김일환, 「儒教 教育論의 教學의 相關性」, 『한문고전연구』19집이 있다. 여기서 필자는 教學을 '가르침과 배움'이라고 해석한면서, 사제간의 교감과 소통을 유교 교육의 중요한 특성으로 보고 있다. 그리고 그 전거를 『書經』과 『禮記』에서 찾는다.

44) 정 종, 『공자의 교육사상』, 集文堂. 248쪽.

2) 정직성

공자의 대화하는 태도는 꾸밈없이 자신의 의사를 곧게 말하는 데 있었다. 그래서 자신의 심중에 있는 것과 표현되는 것이 일치하지 않는 것을 부끄럽게 생각했다.

> 교묘하게 꾸민 말과 곱게 꾸미는 얼굴빛에는 仁愛의 덕이 적으니라.[45]
> 말을 꾸며서 하고, 얼굴빛을 좋게 하고, 지나치게 공손한 태도를 보이는 것을 좌구명(左丘 明)이 부끄럽게 여기더니, 나도 또한 부끄러워하노라. 원망을 숨기고서 그 사람과 친구로 지내는 것을 좌구명이 부끄럽게 여기더니, 나도 또한 부끄러워하노라.[46]

오늘날에 좋은 매너교육에 좋은 말과 밝은 태도는 훈련해야 할 에티켓이라고 할 수 있는데 가장 중요한 것은 마음에 없는 데도 마치 진정이 있는 것처럼 말하고 표정을 꾸미는 것은 진실성이 없다는 것이다. 마음속에 원망이 있으면서도 그 원망을 숨기고 사귄다는 것은 부끄러운 일이라고 말하고 있다. 그렇다면 대화에 있어서의 태도도 진실하고 솔직한 태도가 필요하다는 것이다. 제자들과 대화함에 있어서 공자는 자신을 꾸미지 않았으며 소탈하게 있는 그대로 자신을 노출했다.

> 너희들은 내가 무엇을 숨기고 있다고 생각하느냐? 나는 너희들에게 숨긴 것이라고는 없노라. 내가 행하는 일치고 너희들에게 보여 주지 않은 것이 없으니, 그것이 바로 나이니라.[47]

---

45) 『論語』「學而」: 子日 巧言令色 鮮矣仁.

46) 『論語』「公冶長」: 子日 巧言令色足恭 左丘明 耻之 丘亦耻之 匿怨而友其人 左丘明 耻之 久亦耻之.

47) 『論語』「述而」: 子日 二三子 以我爲隱乎 吾無隱乎爾 吾無行而不與二三者 是丘也.

또 아는 것은 안다고 하지만 모른 것을 아는 척 하거나 침묵하지는 않았다. 그러므로 아는 것을 안다고 하고 모르는 것을 솔직하게 모른다고 하는 것은 중요하다. 모르는 것을 아는 척하고 묻지 않는다면 그는 알 수 있는 기회를 놓치고 말 것이다.

> 由야! 너에게 안다는 것을 가르쳐 주마, 아는 것을 안다고, 모르는 것을 모른다고 하는것이 참으로 아는 것이니라.[48]
> 사람의 삶은 곧은 것이니, 곧지 않으면서 사는 것은 요행히 환난을 면하고 있는 것이니라.[49]

공자는 대화의 기술로서 정직성을 말하고 있을 뿐만 아니라 인간의 기본 태도를 정직으로 보고 있다. 속이고 꾸미고 허세를 부리는 태도는 공자에게 가증스런 것이었다. 그는 자신의 장례 준비를 거창하게 하려했던 자로에 대해 신랄한 비판을 가했다. 위급한 병으로부터 회복된 공자는 제자를 가신으로 삼아 장례를 준비한 것은 잘못된 것으로 보았다.

> 오래 되었구나, 由가 거짓을 행한 지가, 가신이 없는데 가신이 있는 것으로 한다면, 나는 누구를 속이자는 것인가? 하늘을 속이자는 것인가? 또 나는 가신의 손에서 죽기보다는, 차라리 너희들 제자들의 손에서 죽는 편이 나을 것이다. 또 내가 훌륭한 장례를 받지 못한다고 하더라도 길에서야 죽겠느냐?[50]

---

48) 『論語』. 「爲政」: 子日 由 誨女知之乎 知之爲知之 知之爲知之 不知爲不知 是知也.

49) 『論語』. 「雍也」: 子日 人之生也 直 罔之生也 幸而免.

50) 『論語』. 「子罕」: 子 疾病 子路 使門人爲臣 病間日久矣哉 由之行詐也 無臣而有臣 吾誰欺 欺天乎 且予 與其死於臣之手 無寧死於二三子之手乎 且予縱不得大葬 予死於道路乎.

공자가 관리로 일하면서 소정묘(少正卯)[51]를 처형했는데, 이에 대해 제자인 자공(子貢)이 의구심을 표하자 공자는 그 이유에 대해 설명하고 있다. 그것은 공자가 보는 악인(惡人)의 전형이라고 할 것이다.

> 천하에는 大惡이 다섯 가지 있는데, 도적질은 그 속에 들지도 않는다. 첫째는 마음이 반역적이며 음험한 것이다. 둘째는 행동이 편벽되면서도 고집 센 것이다. 셋째는 말이 거짓되면서도 번드름하게 꾸며대는 것이다. 넷째는 아는 것이 추하면서도 넓은 것이다. 다섯째는 그릇된 길을 따름으로써 윤택하게 지내는 것이다.[52]

여기서 음험하다는 것, 편벽된 것, 말이 거짓된 것, 그릇된 길은 모두 정직하지 않은 태도에 반하는 것이라고 할 수 있다. 허세와 허식을 버리고 마음을 열뿐만 아니라 속이지 않는 이러한 태도는 그가 의사소통을 할 수 있는 바탕이라고 할 수 있다. 그러기에 자기보다 지위가 낮은 사람에게 깨우침을 받는 것을 부끄럽게 여기지 않았으며 훌륭한 아랫사람을 자기와 동렬로 끌어올릴 만큼 정직한 사람을 칭찬하였다.[53]

이 정직성에 대해 부언할 것은 논어에 아버지를 고발하는 아들을 정직하다고 보지 않은 점이다.[54] 아버지의 죄를 감싸주는 행위 안에 정

---

51) 소정묘는 나름의 사상체계를 가지고 학파를 창립하여 활동하였으나, 전승되지 않았다. 그에 대한 이야기는 『荀子』. 「宥坐」, 『史記』. 「孔子世家」, 『孔子家語』. 「始誅」, 『白虎通』. 「誅伐」에 등장함

52) 김학주, 『공자의 생애와 사상』, 113~114쪽. 명문당. 1997.

53) 『論語』. 「公冶長」: 子曰 敏而好學 不恥下問 是以謂之文也. "민첩하게 배우기를 좋아하고, 아랫사람에게 묻기를 부끄러워하지 않았다. 그래서 시호를 문이라고 한 것이다."

54) 『論語』. 「子路」: 葉公語孔子曰 吾黨有直躬者, 其父攘羊, 而子證之. 孔子曰 吾黨之直者, 異於是, 父爲子隱, 直在其中矣.

직성이 들어있다고 말하는 공자의 입장은 사회정의의 입장에서 분명 오해의 소지가 있지만 전체적인 면에서 보자면 공자의 태도는 진실과 양심에 따르자는 것에 있지 무엇인가를 숨기고 허식을 부리는 것이 아니었다.

3. 개성존중의 소통

1) 상대성

말은 자신의 의사를 전달하는 과정이어서 일방통행인 반면에, 대화는 의사를 교환하는 과정이어서 쌍방통행적이다. 이처럼 대화는 상대방과의 상호관계에서 이루어지기 때문이다. 대화는 한 사람 한 사람이 상대하여 행하여지는 말이며, 대화의 진행에 따라 대화하는 쪽이 듣는 편도 되고, 듣는 쪽이 대화의 상황에 따라 자유롭게 바뀌어 갈 수 있지만, 문답에서는 화제(話題)가 일정하며 그 이야깃거리를 해결하려고 서로 협력하는 관계가 되기 때문에 대화이다.

공자는 대화를 함에 있어서 미리 확정된 정답을 가지고 말하기 보다는 상대방과 대화하면서 보편적 가치를 찾으려 했다. 그래서 제자들에게 관심을 가졌고, 그 개성에 맞게 항상 가르치려고 했다.

자로가 "들으면 곧 행해야 합니까?"하고 물으니, 공자께서 "부형이 계시니 어찌 듣고 바로 행하겠는가?"하고 대답하시고, 염유가 "들으면 곧 행해야 합니까?"하고 물으니, "들으면 곧 행해야 한다."하고 대답하셨다. 공서화가 옆에서 듣다가 "유가 들으면 곧 행해야 합니까?" 하고 물었을 때에는 '부형이 있느니라.' 하시고, 구가 '들으면 곧 행해야 합니까?'하고 물었을 때에는 '듣고 곧 행할 것이라'하시니, 적이 의심스러워 묻습니다.' 하니, 공자께서 이렇게 대답하셨다. "구는 퇴영적이므로 나아가게 한 것이고, 유는 겸인의 용기가 있으므로 조금 뒤로 물러서게 한 것이다.[55]

같은 질문에 대해 전혀 상이한 대답을 하는 공자는 상대의 그릇에 따라 그에 맞는 대답을 하고 있다.[56] 이것이 공자의 상대에 따른 소통방식이라고 볼 수 있다. 공자사상의 본질이라고도 불 수 있는 인에 대해서조차 그 대답의 방식은 같지 않다.

공자는 仁의 개념에 대해 체계적이고 일관된 정의를 하지 않았다.[57]

안연에게는 "자신의 욕망을 극복하고 예를 행하는 것이 인이 된다."[58]고 했고, 중궁에게는 "문 밖에 나가서는 사람을 귀빈 대하듯 하며, 백성에게는 제사 모시듯 하며, 내가 싫어하는 것을 남에게 시키지 않는 것이다. 나라에서는 원한이 없고 집에서도 원한이 없을 것이다."[59] 사마우(司馬牛)에게는 인이라는 것은 말을 참는 것"[60]이라고 했으며 번지에

55) 『論語』. 「先進」: 子路 問聞斯行諸 子曰 有父兄 在 如之何其聞斯行之 冉有 問聞斯行諸 子曰 聞斯行之 公西華曰 由也問聞斯行諸 子曰 有父兄在 求也問聞斯行諸 子曰 聞斯行也 赤也惑 敢問 子曰 求也 退故 進之 由也 兼人故 退之.

56) 이 질문에 대해 논어를 영역한 James Legge(1815-1897)는 問을 'asked'라고 하고 言을 'talked'라고 하고 제자들에 대한 질문에 대한 응답으로서의 子曰은 'The Master said'로, 왕이나 귀족들에게는 응답으로서의 對曰은 'replied'로 번역하고 있다. James Legge, The Chinese Classics, Hong Kong University Press, 中華民國 69年.

57) 彭鐵浩, 「논어에서 발견되는 임기응변적 사유」, 『중국학논총』, 2003. 국민대학교 중국문제연구소. 196쪽.

58) 『論語』. 「顔淵」: 克己復禮爲仁.

59) 『論語』. 「顔淵」: 出門如見大賓 使民如承大祭 己所不欲 勿施於仁 在邦無怨 在家無怨.

60) 『論語』. 「顔淵」: 仁者 其言也訒.

게는 "사람을 사랑하는 것"[61]이라고 말한다.

공자는 언제나 상대에 맞추어서 대화했다.

> 공자께서 자기 마을에 계실 적에는 공손하시어 마치 말할 줄 모르는 사람 같으셨다. 그러나 종묘나 조정에서는 말을 잘 하시되 오직 신중히 하셨다.[62]

조정에서 下大夫들과 말할 때에는 강직하셨고, 上大夫들과 말할 때에는 밝고도 부드러웠으며, 임금이 계실 때에는 몹시 공경스러우면서도 의젓하셨다.[63]

대화는 언제나 상대가 있기 마련이다. 상대가 누구냐에 따라서 대화의 분위기는 달라질 수 있는 것이다. 상대방의 반응을 고려하지 않고 일방적으로 말하는 것은 대화의 정신이라고 할 수 없는 것이다. 공자는 상대방을 알고 상대방의 반응을 충분히 살피면서 그에 걸맞게 응하는 소통방식을 취했던 것이다.

자기만이 절대적이라는 태도는 공자의 대화방식도 소통방식도 아니다.[64] 남의 입장을 긍정하는 관용의 입장이기 때문에 공자의 사상은

---

61) 『論語』. 「顔淵」: 愛人.

62) 『論語』. 「鄕黨」: 孔子於鄕黨, 恂恂如也. 似不能言者. 其在宗廟朝廷, 便便言, 唯謹爾.

63) 『論語』. 「鄕黨」: 朝與下大夫言, 侃侃如也. 與上大夫言, 誾誾如也. 君在, 踧踖如也. 與與如也.

64) 半頭大雅, 山田邦男, 『論語と禪』, 春秋社, 1988. 한국어 번역본은 최효선 역, 『논어와 禪』,민족사, 1992. 228쪽. 세계의 전쟁은 유일신교를 신봉하는 민족간에 일어나며, 그 특징은 자신만이 절대의 선이고 그 이외의 것은 절대적으로 악이라는 입장이라고 지적하면서 공자의 입장은 자기와 남이 동시에 성립할 수 있다고 한다.

절대유일의 진리를 주장하는 하지 않으므로 종교적 도그마가 될 수 없었으며 언제나 대화의 문이 열려있다고 할 것이다.

2) 경청과 침묵

성공적인 대화의 기본은 경청이며, 남의 이야기를 잘 듣는 것을 말한다. 공자는 말과 대화만으로 소통했던 것은 아니다. 말 이전의 따뜻한 사랑의 마음, 말 이전의 진실과 진리에 대한 탐구정신이야말로 더 의미심장한 것들이다.

> 공자께서 '나는 말하는 일이 없기를 바란다.'고 말하자 자공이 '선생님께서 말씀하지 않으신다면 저희들은 무엇을 전하겠습니까?'라고 말했다. 공자께서 '하늘이 무엇을 말하더냐? 그래도 사계절이 운행되고, 만물이 생겨난다. 하늘이 무엇을 말하는가?'라고 했다.[65]

대화란 언어를 필요로 하지만 소통에 있어서는 반드시 언어만을 필요로 하는 것이 아니다. 때로는 침묵이 필요한 것이며, 언어를 넘어선 자연과 인간의 관계 혹은 인간과 인간의 관계도 가능한 것을 말하고 있다. 시종일관 설득과 소통을 위해서 언어를 활용하는 것이 아니라 때로는 경청과 침묵이 필요할 때도 있는 것이다.

> 군자는 말이 행동보다 앞서는 것을 부끄럽게 생각한다."[66]

---

65) 『論語』. 「陽貨」: 子日予欲無言 子貢日子如不言則小子 何述焉 子日天何言哉 四時行焉 百物生焉 天何言哉.

66) 『論語』. 「憲問」: 君子恥其言 而過其行. 또는 「里仁」의 言之不出 恥躬之不逮也.

> 군자를 모시고 있을 때 저지르는 세 가지 허물이 있으니, 말을 하지 않았는데 먼저 말하는 것을 조급하다 이르고, 말을 했는데도 말하지 않는 것을 숨긴다고 이르고, 얼굴빛을 보지 아니하고 함부로 말하는 것을 눈치 없다고 이르느니라."[67]

말과 대화는 일방적으로 하는 것이 아니라 언제나 상대와 하는 것이다. 상대방은 대화의 준비 경청의 준비가 되어있지 않는데 나 혼자 말을 독점하거나 설득하려는 것은 조급하다. 대화를 했는데도 말하지 않는 것도 문제가 있으며, 상대방의 반응을 살피지 않고 일방적으로 말하는 것은 대화의 태도가 아니다.

> 자공이 벗에 대해 물으니, 공자께서 '충고하여 이끌되 듣지 않거든 그만두어 스스로 욕됨이 없게 할 것이다."고 말씀하셨다.'[68]

이것은 공자가 고집스럽고 자기중심적이 아니며 자신의 의견을 막무가내로 상대에게 강요하는 자가 아님을 말하는 대목이다.

> 더불어 말할 만한데 말하지 아니하면 사람을 잃고, 가히 더불어 말할 만하지 못한데 말을 하면 말을 잃는다. 지혜로운 이는 사람을 잃지 않고, 또한 말도 잃지 않느니라.[69]

실인(失人)과 실언(失言)의 설명이 흥미롭다. 서로 소통할 수 있는 사

---

67) 『論語』, 「季氏」: 孔子日 侍於君子有三愆 言未及之而言 謂之躁 言及之而不言謂之隱 未見顔色而言 謂之瞽.

68) 『論語』, 「顔淵」: 子貢 問友 子日 忠告而善道之 不可則止 無自辱焉.

69) 『論語』, 「衛靈公」:子日 可與言而不與之言 失人 不可與言而與之言 失言 知者 不失人 亦不失言.

람임에도 불구하고 대화하지 않으면 사람과 사람의 관계가 소원해져서 사람을 잃는다. 그러나 누구하고나 소통되는 것은 아니다. 대화의 준비가 되지 않은 사람에게 소통과 대화를 강요하면 그것은 오히려 쓸데없는 실언이 된다는 것이다. 여기서도 역시 공자의 상대에 따른 소통방식을 알 수 있다.

공자는 또한 모든 것에 대해 자신의 의견을 피력한 것이 아니었다. 그는 자로의 질문 가운데 형이상학적인 귀신이나 죽음의 문제에 대해서는 알지 못한다고 하면서 침묵했으며, '괴이한 것, 힘에 관한 것, 난동, 귀신(怪力亂神)[70]'에 대해서도 말하지 않았다.

> 사람도 제대로 섬기지 못하는데 어찌 귀신을 섬길 수 있겠느냐?[71]
> 삶도 모르는데 어찌 죽음을 알겠느냐?[72]

소통이란 오로지 대화와 언어만으로 하는 것은 아니다. 그 언어 이외의 말투와 표정 그리고 분위기가 또한 무시할 수 없는 요소일 것이다. 공자는 막무가내로 소통하는 것이 아니라 때로는 경청과 침묵으로 그리고 때로는 뜨거운 눈물로도 자신의 마음을 전했던 것이다.

공자가 자로 · 증석 · 염유 · 공서화와 함께 대화하면서 자신들의 포부를 이야기하게 한 적이 있다. 자로는 정치적 야심을 이야기했고, 염유 역시 정치적 포부를 이야기 했고, 공서화는 의례에 관련된 꿈을 이야기 했는데 유독 증석은 자연 속에 즐기고 싶다는 이야기를 했다.

> 늦은 봄에 봄옷이 다 되면, 어른 대여섯 명과 아이들 예닐곱 명과 어울리

---

70) 『論語』 「述而」: 子不語怪力亂神.

71) 『論語』 「先進」: 未能事人, 焉能事鬼.

72) 『論語』 「先進」: 未知生, 焉能死.

며, 기수(沂水)에서 목욕하고 무우(舞雩)에서 바람을 쐬고 노래를 읊조리며 돌아오는 것입니다. 이 말을 들은 공자는 '나도 점과 함께 하겠다.'고 대답했다.[73]

여기서의 대화는 제자들의 의견을 들어보는 공자의 경청의 자세를 볼 수 있고, 정치적 야심이나 의례에 천착하기 보다는 대자연속에 들어가 어울리고 사람들과 어울리는 일에 더 매력을 느끼는 공자의 일변을 읽는다. 그는 대화하기를 좋아했지만 듣는 것을 더 좋아했고, 자신의 주장을 억지로 펼치지 않았다. 말하자면 경청과 침묵으로 소통할 수도 있었으며 그 여백이 또한 소중했던 것이다.

4. 결론

공자의 소통방식은 어떤 편견과 독단에 사로잡히지 않고 문답을 통한 대화에 있었다. 대화의 정신은 개방성에 있는 것으로, 자신의 입장을 고집하지 않고 잘못된 경우 수정하는 자세다. 이것은 대화를 통해 자신의 입장을 일방적으로 가르치려는 것이 아니라, 이야기하는 상대와 서로 함께 배우는 자세라고 할 수 있다.

물론 공자는 학생들보다 훨씬 우위에 있는 실력과 인품을 지녔고 존경받은 위대한 스승임에 틀림없다. 이미 탁월한 인품과 지식을 겸비한 공자가 제자들에게 던진 질문은 대화를 통해서 자신의 신념과 의지를 전달하는 방법으로 활용되었음을 부인하기 어렵다. 또한 대화에

---

73) 『論語』, 「先進」: 暮春者, 春服旣成, 冠者五六人, 童子六七人, 浴沂水, 風乎舞雩, 詠而歸, 夫子喟然歎曰, 吾,與點也.

서 사용된 '수사적 기능의 질문'과, 학습자가 배워야 할 내용을 수렴하여 항목화한 '수렴형의 질문'은 개방적인 것이 아니라 폐쇄적 형태의 질문이라고도 할 수 있다. 대부분의 경우에 있어서 자신이 의도하는 방향으로 대답을 유도하거나 미리 대답을 결정짓게 되므로 이러한 특징은 유가의 '전관적(全觀的) 스승 상(像)'에서 기인한다고 주장한[74]것도 물론이다.

논어 가운데 스승에 대해서 나오는 대목은 두 가지 종류의 것이 있다.

> 세 사람이 같이 길을 가면 그중에는 반드시 나의 스승이 있다. 그들에게 좋은 점은 가려서 따르고, 좋지 못한 점은 거울삼아 고치기 때문이다."[75]

여기에서의 스승은 반드시 나보다 도덕적으로나 능력으로 우위에 있을 필요가 없다. 나보다 못한 자에게도 그 나쁜 행동을 거울삼아 그렇게 하지 않도록 배우는 것이다. 하물며 제자들에게 배우지 못할 이유가 없는 것이다. 물론 또 다른 스승상은 제자들의 의문을 풀어질 수 있는 자이어야 함은 물론이다.[76]

공자의 이와 같이 자신보다 못한 자에게까지도 배우려는 태도는 개방적이라고 할 수 있다. 이 개방성은 정직성을 요구한다. 근엄하고 권위적인 태도가 아니라 솔직하고 진실한 것으로 미사여구를 구사하고

---

74) 장윤수, 「공자의 발문을 통해서 본 유가적 교학이념의 특징」, 『철학논총』 38집, 새한철학회, 2004, 66-7쪽 참조.

75) 『論語』, 「述而」: 三人行, 必有我師焉. 擇其善者而從之, 其不善者而改之. 또 다른 전거는 "유능하면서도 무능한 사람에게도 묻고, 많이 알면서도 적게 하는 사람에게도 묻는다."(『論語』, 「泰伯」: 以能問於不能, 以多問於寡.

76) 『論語』, 「爲政」:溫故而知新, 可以爲師矣. 공자가 유가의 기본경전인 五經을 편찬하여 교재로 삼으려 했던 것도 해박한 지식에 바탕을 둔 것이다.

마음에 없는 표정의 거짓된 자세가 아니다.

공자는 대화의 상대에게 관심을 가졌으며, 그 상대의 입장에 맞게 자신의 의사를 전달했다. 상대가 원치 않는데 일방적으로 대화하지 않았으며 상대의 입장을 고려해서 말했다.

공자의 의사소통은 언어 이외의 방법도 간과해서는 안 된다. 공자는 진실성이 없는 말은 침묵보다 못한 것이라고 보았으며, 상대한 진정한 관심과 진실한 마음이야말로 언어를 넘어선 가장 중요한 소통의 본질이었다고도 볼 수 있다.

공자의 소통방식이 이와 같은 개방성과 정직성 그리고 자신과 다른 의견을 묵살하지 않고 상대의 존중과 배려했다. 후일의 유학이 이단(異端)을 사설로 배척하고 자신의 의견을 고집하는 방식의 절대불변의 불통의 이데올로기가 된 것은 공자의 정신과는 사뭇 다른 것이다.

여산(廬山) 혜원(慧遠)의 백련결사(白蓮結社)

1) 혜원(慧遠)의 생애와 사상

혜원(334-416)의 본성은 가씨(賈氏)이며 오대산의 기슭에 있는 안문(雁門, 山西省) 루번현(樓煩縣)에서 태어났다. 13세 때에 중원(中原)의 허창(許昌)과 낙양(洛陽)에 유학하여 육경(六經)과 노장(老莊)을 배웠다. 21세 되던 해 대행산(太行山)에서 아우 혜지(慧持)의 함께 도안(道安)에 사사하고 도안(道安)의 『반야경(般若經)』 강의를 듣고 유(儒) · 도(道) 2교를 버리고 출가하였다.[77]

그는 유교와 도교 등 구류(九類)는 모두 보잘 것 없는 것일 뿐이라고 한탄하고 이것을 버리고 도안(道安)의 제자가 되어 뼈를 깍는 고통을 참아 가면서 밤과 낮을 가리지 않고 부지런히 수행하였다.

물론 그는 『반야경(般若經)』을 도교적 교양을 통해서 이해했기 때문에 격의불교(格義佛敎)의 선구가 된다. 장자를 통해 설명을 하면 미혹

77) 大正藏 47권. p.320. 遠祖師事實. 師諱慧遠 雁門樓煩人. 今河東代州. 姓賈氏. 生於石趙 延熙甲午歲爲晋成帝. ....博通六經 尤通周易老莊之書....聞道安法師居太行山...聽講般若經 豁然大悟. 嘆日. 儒道九流 皆糠粃耳.

한 자들이 깨달았기 때문에 후일 그의 스승 도안(道安)은 장자와 같은 속서를 읽도록 허용했다.[78]

젊었을 때 혜원(慧遠)은 유교경전에도 몰두하였으며 '시경(詩經)' '주역(周易)', '예기(禮記)'와 같은 경전에 통달하였다. 이것이 실은 주속지(周續之), 뇌차종(雷次宗)과 같이 훌륭한 학자들이 문학적, 철학적 주제에 관하여 그와 토론하여 그들의 귀의를 받을 수 있는 토대가 되었다. 명사들이 자주 여산(廬山)을 찾았던 까닭이 여기에 있다. 그러나 그 당시에 유행하던 조류는 신도가와 반야학이었으며 그의 사고도 이 범위를 크게 벗어나지 않았다. 그는 제자들이 불교의 개념을 명확하게 이해하는 데 도움을 주기 위하여 그 도가적 용어들을 사용하고 있음을 알 수 있다.[79]

동진(東晋)의 융안(隆安) 5년(401)에 구마라집이 장안(長安)에 도착하자 혜원은 그에게 친교를 구하는 편지는 보내어 두 사람간의 교류가 시작되었다. 혜원이 새로이 전래된 대승경전에 대하여 질문을 하고 그에 대하여 라집이 해답을 한 것이 『대승대의경(大乘大義章)』이다.[80]

구마라집의 행실에 파계가 있었던 것에 반하여 혜원은 지계주의자(持戒主義者)였다. 불약다라(佛若多羅)와 라집에 의하여 역출되던 『십송율(十誦律)』이 미완성으로 그쳐버리자 혜원은 이를 안타까이 여겨 제자인 담옹(曇邕)을 담마유지에게 보내어 나머지 부분의 역출을 간청하였다. 『십송율(十誦律)』이 강남에서 행해지게 된 원천은 혜원의 공덕에 의해 이루어진 것이다.

---

78) 大正藏 50, 고승전 卷6. 358.'遠乃引莊子義爲連類. 於是惑者曉然. 是後安公特聽慧遠不廢俗書.'

79) K.S.케네쓰 첸. 박해당 역『中國佛敎』民族社. p.124.

80) 鎌田茂雄. 정순일 역『중국불교사』경서원.p.79.

혜원은 여산에 주하기를 30여 년이나 하였는데 그 사이에 산을 나오지 않고 동진(東晋)의 의희(義熙) 12년(416년) 8월, 83세를 일기로 죽었다.[81] 혜원의 저술은 일찍이 양나라 시대에는 10권 50여 편이 전해지고 있었다.[82] 그러나 지금 남아 있는 혜원의 저술은 대승대의장(大乘大義章)』 3권을 제외한 다른 것은 단편적인 것에 지나지 않는다. 『대승대의장(大乘大義章』(大正藏 45. pp.122下-143下) 3권의 내용은 주로 혜원이 법성(法性)·법신(法身)·염불삼매(念佛三昧)·사상(四相) 등 여러 가지 의문스러운 것을 묻고, 이에 대해 구마라집이 대답하는 글이다.

혜원은 구마라집과의 교류를 통해 허다한 의문에 봉착했기 때문에 질문장을 누차 구마라집에게 보내어 그의 가르침을 바랐다. "참으로 조잡한 질문에 불과하지만"이라고 겸허한 태도로 질문하고 있는 것은 끝없는 그의 탐구심과 구도심의 표현이라고 해도 좋다.

구마라집은 한 서신에서 혜원을 동방의 호법보살(護法菩薩)이라고 칭한 뒤 덧붙이기를 "승려의 재산은 다섯 가지이니 복덕(福德)과 계(戒)와 박문(博聞)과 변재(辯才) 그리고 심지(深智)이다. 이것들이 다 갖추어지면 도가 융성해지고 갖추지 못하면 의심이 일어나 정체된다. 당신에게는 이것들이 모두 갖추어져 있다."라고 하였다.[83]

나머지 『법성론(法性論)』, 『석삼보론(釋三報論)』, 『대지도론(大智度論抄)』, 『사문불경왕자론(沙門不敬王者論)』 등의 논(論), 서(序), 명(銘), 찬(讚), 시(詩), 서(書)가 모아서 10권, 50여 편이나 되었다. 혜원의 저서를 모은 것으로 『혜원문집』이 있다.

혜원은 『사문불경왕자론(沙門不敬王者論)』을 지어 출가법과 세간법

81) 「출삼장기집(出三藏記集)」 권15. 慧遠傳.

82) 「양고승전」 대정장 50, p.361. 下.

83) K.S.케네쓰 첸. 박해당 역 「중국불교」민족사. p.120.

의 차이를 밝혀서 사문은 왕자에게 예를 다해야 할 필요가 없다고 주장하였다. 가사는 왕실의 복식이 아니며 발우는 조정의 그릇이 아니며 세속 밖의 모습으로 왕을 예배를 할 수 없다고 하면서 사문은 왕에게 경배하지 않는다는 이론을 저술했다.[84]

혜원의 또 다른 공헌은 염불과 동시에 선정수행(禪定修行)을 장려했다.[85] 그는 참선은 견성을 위해서 매우 필요한 것이기 때문에 세속의 번뇌를 단절하기 위해서는 마음을 고요히 하는 참선이 아주 필요한 것이라고 말했다. 동시에 나무아미타불의 염불을 통해 자신 안의 불성을 보는 염불이 얼마나 중요한 것인가를 동시에 주장하여 선정겸수(禪淨兼修)의 입장을 가졌다.[86]

혜원은 영혼의 불멸을 주장하는 '신불멸론(神不滅論)'의 입장을 견지했다. 불이 장작에 옮겨지는 것은 영혼이 몸에 옮겨지는 것과 같다. 불이 다른 장작에 옮겨지는 것은 영혼이 다른 몸에 옮겨지는 것과 같다. 이전의 몸은 뒤의 몸이 아니다. 그러하므로 감각과 운명의 감응이 매우 깊다는 것을 알 수 있다. 미혹된 사람은 이생에 몸이 썩는 것을 보고 영혼과 감각이 모두 없어졌다고 생각한다. 이러한 생각은 하나의 나무에서 불이 다 타면 곧 불이 모두 다하였다고 말하는 것과 같다.[87]

---

84) 大正藏 49, 佛祖統紀 권제26. p.262. '袈裟非朝宗之服 鉢盂非廊廟之器 塵外之容不應致敬王者 乃著沙門不敬王者論五篇'

85) 大正藏 50, 고승전 卷6. 358.'復於寺內別置禪林'

86) 大正藏 47. p.312. 參禪念佛三昧究竟法門. 禪非智無 以窮其寂. 智非禪無 以深其照. 禪智者照寂之謂 其相濟也. 照不離寂 寂不離照. ...欲參禪見性 但依此法. 要於靜室 正身端坐. 掃除緣累 截斷情塵. 瞠開眼睛 外不著境. 內不住定. 回光一照. 內外俱寂. ...擧念南無阿彌陀佛三五聲. 回光自看見性. 則成佛畢竟那箇. 是我本性阿彌陀.

87) 大正藏 49, 佛祖統紀 권제26. p. 262.'五明形盡神不滅 謂火之傳於薪 猶神之傳異

그는 남방의 불교 또는 사대부불교를 그 완성적인 형태로 축약하였다고 할 수 있다. 그는 수도원의 이상을 지킴으로써 남방에서 승단의 독자적인 위치를 확고하게 정립하였다.[88]

특히 임종에 즈음하여 약주와 쌀즙을 마시라는 권유를 계율에 어긋난다고 거절하고, 꿀과 물을 혼합한 미음이 어떤가에 대해 율문(律文)을 검토하고 있던 중에 숨을 거두었다는 사실을 바로 생애를 일관하는 그의 엄격한 태도를 그대로 보여주고 있는 것이다.[89]

2) 여산과 혜원

혜원이 여산에 머물게 된 것은 가뭄이 들어 해룡왕경(海龍王經)을 독경하고 연못을 가리키자 홀연히 큰 뱀이 연못에서 상공으로 오르면서 큰 비가 내렸기 때문에 용천사(龍泉寺)라고 부르는 정사를 세웠다. 그때 사문 혜영(慧永)이 혜원의 동문으로 서림사(西林寺)에 거주하고 있었다.[90]

51세의 혜원이 여산으로 이주한 것은 384년(太元 9)년의 일이다. 혜원은 이해부터 83세로 입적할 때까지 30여 년간을 동림사(東林寺)에서 많은 사람의 존경을 한 몸에 받았다. 그는 안으로는 선관(禪觀)이나 계율의 실천이 쇠퇴하고 있는 현상을 어떻게 타개하여 부흥시킬 것인가,

---

形 方生方死往來無窮 但悟徹者反本'

88) K.S.케네쓰 첸. 박해당 역『중국불교』 민족사. p.128.

89) 大正藏 47권. pp.320-321. 丙辰八月 初一日示疾.....困篤大德 耆舊請飮 鼓酒不許. 又請以蜜水. 乃命律師 檢藏未見....

90) 大正藏 50, 고승전 卷6. 358. '遠詣池側 讀海龍王經 忽有巨蛇 從池上空 須臾大雨 歲以有年 因號精舍爲龍泉寺焉. 時有沙門慧永. 居在西林與遠同門.'

혹은 계빈국의 승려들이 여산에서 번역한 소승경론과 구마라즙이 장안에서 번역한 용수와 제바에 의거한 반야사상을 어떻게 통일시켜 이해할 것인가 하는 문제와, 바깥으로는 중국고유의 사상에 입각하여 제기되는 불교에 대한 비난에 어떻게 대결할 것인가 하는 여러 가지 문제에 진지하게 몰두했던 것이다.

혜원은 여산에 들어온 뒤 30여 년간 산을 내려오지 않고 대중을 통솔하며 선(禪)과 율(律)의 번역에 힘을 기울여 도안(道安)의 유지를 계승함과 함께 장안 불교의 흡수에 노력했다. 또 외부적으로는 왕권에 대한 교권 독립의 확립, 중국의 고유 사상에서 발생하는 불교비판을 타파하고 불법 홍포에 진력했다. 애초에 혜원은 남으로 멀리 지금의 광동에 있는 나부산(羅浮山)까지 가려고 계획하였다. 그러나 도중에 강서의 여산을 지나게 되었을 때 그 지역의 자연경관에 이끌려 바로 그곳에 머물기로 결정하였다고도 한다.[91]

여산의 이름은 멀리 주(周)대, 광속(匡俗)이라는 신선도사가 여기에 오두막(廬)을 짓고 살았으므로 광산(匡山) 또는 광려산(匡廬山)이라 부르게 된 데에 기인한다고 한다. 삼국시대에 동봉(董奉)이라고 하는 도사가 있었는데 이 산에 살며 사람들의 병을 고쳐주고는 치료비 대신에 중병이 나은 자에게는 다섯 그루, 가벼운 병이 나은 자에게는 한 그루의 살구나무를 심게 하였고 환자들이 심은 살구나무는 수년이 지나 마침내 울창한 숲을 이루었다고 한다. 유명한 행림(杏林)의 고사이다.

여산이 도교, 불교를 불문하고 영혼의 구제를 희구하는 사람들의 수련장으로 각광을 받게 된 것은 동진시대(東晋時代)에 원법사(遠法師), 즉 혜원이 입산하면서부터이다. 여산의 풍경에 매혹된 그는 47세 무렵

91) K.S.케네쓰 첸, 박해당 역 『중국불교』 민족사, p.119.

부터 83세로 작고하기까지의 30여 년간 불출산(不出山)의 맹세를 지켰으며 혜영(慧永)의 서림사(西林寺)와 함께 여산 '이림(二林)'이라 불린 서북쪽 기슭의 동림사(東林寺)에서 두문불출하며 교단을 운영하고 수행과 교화에 몰두하였다. 그를 굴복시키기 위해 여산으로 달려온 당시의 권력자 환현(桓玄)은 혜원과 대면하자마자 그 고아한 풍격에 압도되어 엉겁결에 배례를 행했다고 한다.[92]

혜원에 관해서는 '호계삼소(虎溪三笑)'라는 일화가 있다. 어느 날 동림사의 혜원에게 두 명의 손님이 방문하였다. 도연명과 도사 육수정(陸修靜)이었다. 두 사람과 마음가는 대로 의견을 교환하던 혜원은 두 사람을 호계(虎溪)까지 전송하였다. 호계는 혜원이 불출산의 맹세를 한 금족(禁足)의 경계였다. 그러나 담론에 정신을 빼앗겨 호계를 건너버린 혜원은 귀사(歸寺)의 신호인 호랑이 울부짖는 소리를 듣고 비로소 자신이 맹세를 어긴 것을 깨닫고 세 사람은 서로 얼굴을 마주보며 대소하였다는 것이다. 도연명(陶淵明)은 여산 남쪽 기슭의 시상현(柴桑縣) 율리(栗里) 사람이며, 도교 문헌의 정리를 완수한 육수정(陸修靜)도 여산에 머물며 연마를 계속하였으니 두 사람이 여산과 깊은 관계가 있는 것은 사림이지만, 혜원이 연명(淵明)과 도교(道交)를 가졌다는 것은 어느 정도 수긍할 수 있어도 육수정(陸修靜)은 두 사람보다 한 세대 뒤의 사람이니 이 일화가 전설적인 점이 있음을 부인할 수 없다. 유(儒)·불(佛)·도(道)의 삼교일치가 창도되었던 당대 무렵에 꾸며낸 이야기지만 이 이야기는 그림이 될 것 같았던지 자주 회화의 소재로 이용되곤 했다.

수·당대에 들어서면 천태대상 지의가 두 차례에 걸쳐 여산을 방문

---

92) 三浦國雄 저, 김영식.이승연 역 『인간주자』 1997. 창작과 비평사.pp.158-159.

하여 혜원을 기리며 5천 명의 청중 앞에서 법연을 열었다. 선자(禪者)로서는 4조 도신이 여산의 대림사에 10년간 궤석한 후 장강을 건너 호북성 황매현 쌍봉산으로 가 여기에서 30여년을 머무르다 천화하였다. 황매 사람인 5조 홍인도 여기에서 4조를 배알했고 6조 혜능도 영남에서 대유령(大庾嶺)을 넘어 이 황매에서 5조를 방문하였다.[93]

3) 혜원의 백련결사(白蓮結社)

① 승속(僧俗)이 함께한 결사

혜원은 402(元興 1년)년 7월 여산 반야대(般若臺)의 아미타불상 앞에서 유유민(劉遺民) 등 123명과 함께 서방왕생의 서원을 세우고 염불삼매를 행했다. 이 때 그는 67세에 달하고 있었다. 이 결사를 백련사라 이름을 붙인 것은 산 속의 동쪽과 서쪽에 있는 연못에 백련을 심은 데서 유래한다. 그러나 결사를 맺은 승속의 무리가 이 몸, 이 마음에 부처를 관하고 모시는 것을 진흙 속에서 피는 하얀 연꽃에 비유한다고 생각된다. 이와 같이 많은 승속이 결사를 맺고 수학(修學)과 구도로 자숙의 생활을 보냈다고 하는 점은 뭐라고 해도 불도의 엄숙함을 몸으로 체험하고 있는 혜원의 인격에 힘입은 바가 컸을 것이다.[94]

---

93) 三浦國雄 저, 김영식.이승연 역『인간주자』1997. 창작과 비평사 p160.

94) 大正藏 50, 고승전 卷6. 358. '遠乃於精舍無量壽像前. 建齋立誓. 共期西方. 乃劉遺民著其文日 惟歲在攝提 秋七月戊辰朔 二十八日乙未. 法師釋慧遠貞感幽奧 宿懷特發. 乃延命同志息心貞信之士 百有二十三人. 集於廬山之陰般若臺精舍阿彌陀像前. 率以香華敬薦而誓焉. 惟斯一會之衆. 夫緣化之理既明. 則三世之傳顯矣. 遷感之數言既符. 則善惡之報必矣. 推交臂之潛淪. 悟無常之期切. 審三報之相'

송대(宋代)에 까지도 '연사(蓮社)'라는 용어에 관하여 여러 가지 설명이 있었다. 어느 자료에서는 동림사에 연꽃이 많았기 때문에 이 이름을 사용하였다고 하였는가 하면 아미타불이 그의 극락으로 받아들일 중생을 아홉 등급의 연꽃에 따라 나누기 때문에 이 이름을 사용하였다고 설명하는 자료도 있다. 또 다른 자료에 따르면 마치 연꽃이 진흙에서 생겨나면서도 진흙에 더렵혀지지 않는 것과 이 결사에 참여한 사람들이 명예와 부귀에 의하여 오염되지 않았기 때문에 이 이름을 사용하였다고 하며, 반면에 승려들이 만든 꽃잎이 열두 개 달린 나무연꽃에서 유래한다고 하는 설명도 있다.[95]

결사에 참가한 승려로서 혜원을 위시로 혜영(慧永) · 혜지(慧持) · 도생(道生) · 불타야사(佛陀耶舍,계빈국바라문) · 불타발다라(佛陀跋陀羅) · 혜예(慧叡) · 도항(道恒.347-418) · 도경(道敬,369-420) · 담순(曇順,347-425) · 도병(道昞,365-435) · 담선(曇詵,361-440), 그리고 속인으로서 유유민(劉遺民,354-410) · 장야(長夜, 350-418) · 주속지(周續之,377-423) · 장전(張詮.359-423) · 종병(宗炳,374-442) · 뇌차종(雷次宗,386-448) 등이 열거되어 있다.[96]

이러한 18명의 명사를 포함한 그의 문도 123명을 아미타불상 앞에 모아놓고 서방극락에 다시 태어나기를 집단적으로 발원하였다. 혜원은 정토종의 창시자, 초조로 간주할 수 있지만 그는 선정(禪淨)을 겸수했다.

물론 결사한 사람들은 삼세 인과응보의 도리나 윤회전생의 교리를 믿었으며, 그것에 놀람과 두려움을 가지고 아미타불의 정토에 왕생하길 바랐음을 알 수 있다. 그들이 정토에 태어나기를 바라는 마음속에서 악을 자행해도 징벌을 받지 않는 현실, 영고성쇠(榮枯盛衰)의 어지러

95) K.S.케네쓰 첸. 박해당 역『중국불교』민족사.pp.121-122.

96) 大正藏 권47. p.321. 廬山十八賢名氏.

운 현실사회, 생명의 위험이 극심한 세상의 모습을 엿볼수 있다.

② 아미타불 염불신앙

그들이 수행한 염불삼매에 대하여, 혜원은『염불삼매시집』서문에서 "삼매란, 생각을 오로지 하나가 되게 하여 생각을 적정(寂靜)하게 하는 것이다."라고 규정하고, 다시, "여러 가지 삼매가 있고, 그 명칭도 매우 많지만 (그중에서) 뛰어난 공덕을 가지고 있으면서도 실행하기 쉬운 것은 염불(삼매)가 제일이다."라고 했다.

혜원은 반주삼매(般舟三昧)[97]로서 "공덕이 높고, 수행하기 쉬운 것은 염불이 첫째이다."라고 말하고 있다. 이러한 염불삼매는 지루가참이 번역한『반주삼매경(般舟三昧經)』에 근거를 두고 있었다.[98]

도솔왕생의 사상, 나아가 서방왕생의 사상이 되었던 것이다.『무량수경』을 번역하기 6회를 거듭하고,『반주삼매경(般舟三昧經)』등의 여러 경전에서 아미타불을 찬탄하였으며 도안(道安)이「정토론(淨土論)」을 지어 미타의 사상을 고취함에 정토신앙은 아주 원해졌으며, 이것이 혜원에 이르러 순연한 신앙중심의 결사가 된 것이다.

그러나 혜원이전에는 실천불교를 대표할 수 있게 되는 정토교의 중핵인 아미타불신앙은 이 시대까지는 단지 그 전통을 유지하고 있는 정도에 지나지 않았다고 생각된다.

이처럼 백련사는 주목할 만한 가치가 있는 미타신앙운동이고, 그것은 기본적으로는『반주삼매경』의 교설에 따른 것이었다. 그들은 엄격

97) 般舟는 번역하여 佛立. 이것으로 三昧를 행하면 諸佛이 앞에 나타난다고 함. 7일 혹은 90일을 미리 결정하고 그 동안에 一心專念하여 般舟三昧를 닦으면 부처님이 그의 앞에 몸을 나타내시고 교화하여 주심을 밝힘.

98) 鎌田茂雄. 정순일 역『중국불교사』경서원 p.81.

한 지계(持戒)와 뛰어난 명상으로서 마음에 아미타불을 염하여, 실제로 혹은 꿈에서 아미타불과 만나 드디어는 인과응보의 세계를 떠나 서방정토에 안주하기를 원했던 것이다.

그리고 혜원은 "염불삼매시서(念佛三昧詩序)"에서 "또 모든 삼매 그 이름 심히 중요하고 무겁다. 공이 높고 앞으로 나아가기 쉬운 것은 염불이라 하였다. 이 염불삼매를 얻기 위해서 그는 반야대에서 매일 하루 육시(六時)에 염불하면서 서방정토를 향하여 예배하였다고 함은 얼마나 혜원이 열심히 염불을 수행했을지 알 수 있다. 그들은 매일 천 번 나무아미타불을 염불했으며 48배를 하였고, 매일 주간에 3회 야간에 3회 예불했으며, 정근하고 나태함이 없었으며 발원이 견고했다.[99]

이러한 백련결사는 일반 서민들의 남녀사이에 침투되었을 뿐만 아니라 도교의 사원에서 매년 8월 1일부터 7일까지 백련회(白蓮會)라고 하는 성대한 법요식이 행해졌던 것은 혜원의 영향을 중국 사회가 받은 것이다.

원 · 명대시대에 이르러서도 민간신앙으로서 연면히 이어 내려와 중국 정토교의 기초를 열었다. 이 정토교의 단체는 일면으로는 불교교단 발전의 일형체라고 할 수 있으며, 근대까지도 혜원의 유풍이 상존하여 여산류의 염불이라고 하고, 염불과 선과의 일치함을 종지로 하였으므로 담란 · 도작 · 선도류의 정토교와는 다소 상이점이 있다. 그러나 중

99) 大正藏 47권. p.312. 遠公祖師. 東林結社僧俗同修. 大智上賢深入禪觀. 得念佛三昧中流之士. 六時修禮淨土. 回向西方. 唐有詩云. 遠公獨刻蓮花漏. 猶向山中禮六時. 凡修此法先於淨室. 安置佛像香花燈. 燭隨分供養. 澡浴塵垢 著淸淨依. 每日於日初時. 日中時. 夜初時夜半時. 夜終時. 自對三寶端身合掌. 信禮西方每一時. 目睹慈容稱念南無阿彌陀佛聖號一千遍. 禮佛四十八拜. 念西方文發願回向. 每日晝三夜三六時行道. 精專不倦志意修持. 堅固行願淨業圓成. 他日必得中品中生矣.

국 정토교의 창시자로서 후세 정토교도에 많은 영향을 끼쳤다.[100]

『불조통기』 제 26권에서는 이렇게 설명하고 있다.

'사(師)가 산에 거주한지 30여년, 자취는 세속에 들어 간 적이 없고, 오직 정토에 대한 염을 부지런히 했다. 처음 11년은 마음을 맑히는 생각을 이어가니 세 번이나 성상(聖相)을 보았으나 침착하고 진득하게 말하지 않았다. 후 19년 7월 그믐날 저녁 반야대 동감(東龕)에서 바야흐로 정(定)에서 일어나니 아미타불의 몸이 허공에 가득 찼고, 원광 가운데 모든 화불(化佛)이 계시고 관음과 세지 등 두 보薩이 좌우에서 모시는 것을 보았다. 또 물의 흐르는 광명을 보니 열네 가지로 나누어지고 상하로 흘러들어 가면서 고, 공, 무상, 무아란 소리를 연설하였다. 부처님께서는 이것을 일러 "나의 본원력을 사용하기 때문에 와서 너를 위하여 안위한다. 너는 칠일 후에 마땅히 나의 국토에 태어날 것이다"라고 하였다.'[101]

4) 혜원과 백련결사의 현대적 의의

여산 혜원의 중국불교사에서의 위치는 유교에 있어서 맹자의 위치에 비교될 수 있다. 그는 여산에 30년을 수행에만 전념함으로써 불교적 삶의 모범을 보였다. 그는 불교적 수행이란 세속적인 명리를 추구하는 것과 무관하기 때문에 권력에 굴복하지 않는다는 것을 이론적으로도 밝혔으며 또한 확고히 했다. 수행자의 깨달음이 국가의 이익이 되기는 하지만 권력을 위해서 수행하는 것이 아님을 확고히 했다.

---

100) 『중국불교사』장원규. 고려원 p.46.

101) 大正藏 49권 p.262.

그는 계율을 철저히 지켰기 때문에 세상을 떠날 때까지 자기 생활의 질서를 계율에 의거해서 시행했다. 죽음 앞에서 보여주었던 철저한 지계정신 그리고 호계(虎溪)를 넘지 않았던 그의 불연세속의 정신은 철저한 지계의 생활을 말해준다. 그의 주요사상은 염불결사였지만 그 염불은 반주삼매(般舟三昧)를 목표로 했다. 단순한 염불이기도 하려니와 바로 아미타불의 불성을 자신 속에서 찾는 선정과 결부되기도 했던 것이다.

말하자면 혜원의 신앙은 계·정·혜 삼학의 균형에 결코 어그러짐이 없었다. 또 한가지 혜원의 종교적 삶 가운데 특기할 만 한 점은 불교이외의 외전에 대한 해박성이다. 그는 이미 유교와 도교의 충분한 수업을 받은 뒤에 출가했기 때문에 이제 불교를 이해하기 시작한 민중들에게 그는 쉽게 불교의 진수를 소개할 수 있었다. 뿐만 아니라 당시의 지식인들과의 교유에 영향을 준 것이 그의 불교이외의 지식에 대한 이해와 관련이 있다. 그는 인도의 불교를 중국인이 이해할 수 있도록 용어를 적절하게 사용했던 것이다.

이러한 여산 혜원의 백련결사는 한국불교에도 영향을 끼쳤다. 특히 고려시대의 주요한 불교결사의 세 가지 가운데 정혜결사를 제외한 수정결사와 백련결사가 바로 혜원스님의 백련결사의 계승이라는 점에서 그의 영향은 분명해 진다.

호계삼소(虎溪三笑)로 일컬어지는 삼교일치의 사상은 오늘날 종교화해운동의 실마리를 제공할 것이며, 단순한 승가만에 머문 결사가 아닌 재가를 수용한 그의 결사의 정신은 현대사회에서 매우 적절한 지침이 될 것이다.

19세기 옹방강(翁方綱)과 조선금석학

옹방강 연구한 금석학이란 주로 비석글이었으며 중국의 비석글뿐만 아니라 조선의 유명한 비석글의 탁본에 많은 관심을 가지고 수집했다. 그러한 자료를 바탕으로 경전을 연구하고 직접 붓글씨를 쓰고 시를 지었던 당대의 지식인이다.

금석은 삼대(三代) 와 진한(秦漢) 이래로 매우 중요하게 여겨져 왔다. 송대(宋代)에 이에 대한 저술이 출현하고 있어서 구양수(歐陽修)의 『집고록발미(集古錄跋尾)』, 조명성(趙明誠)의 『금석록(金石錄)』,여대림(呂大臨)의 『고고도(考古圖)』,휘종의 칙명으로 편찬한 『선화박고도록(宣和博古圖錄)』, 설상공(薛尙功)의 『역대종정이기관지법첩(歷代鐘鼎彝器款識法帖)』 등을 들 수 있다. 원. 명을 거쳐 청에 이르면서 청대에는 고염무(顧炎武)의 『금석문자기(金石文字記)』를 비롯해서 다수의 학자와 저서가 나와 종래 지나쳐 버렸던 금문(金文)과 북비(北碑)의 미(美)를 발견하고 청조(淸朝)의 서풍(書風)을 변화시켰다.

옹방강의 조선금석학

금석문 연구에서는 탁본 입수가 필수적이다. 옹방강이 직접 조선 금석문의 탁본을 뜰 수 없었고 조선의 지인들을 통해서 입수하고 연구했고 중국의 탁본 자료를 조선의 지인들에게 주면서 금석학의 성과를 공유했다. 그 가운데 몇 가지를 간추려 그가 소장했던 조선의 비석글과 그의 견해를 살펴보고자 한다.

1) 무장사 아미타여래조상사적비(鍪藏寺阿彌陀如來造像事蹟碑)

경주시 암곡동(暗谷洞) 산속에 있는 무장사(鍪藏寺)는 태종무열왕이 삼국통일을 한 후, 투구(鍪)를 묻은(藏) 절로 전해진다. 이곳에는 소성왕(재위 798~800)의 왕비인 계화왕후가 먼저 세상을 떠난 대왕의 명복을 빌기 위해 801년에 아미타불을 조성한 내력을 적은 무장사아미타불조상사적비가 있었다.

이 비석은 본시 김생의 글씨로 알려져 있으나 영조 때 홍양호가 경주부윤 시절에 비석 반 동강을 발견하고 김육진(金陸珍)[102]이 쓴 것으로 고증하였다. 이에 대해 김정희는 김육진이 왕희지의 행서(行書)를 집자(集字)하여 새긴 것으로 확인 하였다. 왕희지의 집자라는 기록이 없는

---

102) 『조선금석총람(朝鮮金石總覽)』에 의하면 그에 앞서 803년에는 대나마(大奈麻)로서 왕명을 받들어 경주 무장사(鍪藏寺)의 아미타여래조상사적비(阿彌陀如來造像事蹟碑)의 비문을 짓기도 하였다.그러나 1·2면 글이 상하에 늑자(泐字)가 많아 뜻이 통하지 않으나, 그 문장과 지식은 대단함을 보여 준다. 일부 학자는 그가 쓴 것이 아니라고 하나 "ㅁ수나마신김육진봉교(ㅁ守奈麻臣金陸珍奉敎)" 운운한 것으로 보아 그가 쓴 것이라 추측된다.

데도 불구하고 이런 결론에 이른 데는 이 탁본을 본 옹방강이 왕희지의 체로 인정했기 때문이다. 곧 옹방강은 "왕희지의 난정서(蘭庭序)와 성교서(聖教序)의 글씨를 그대로 본받은 동방의 훌륭한 비문"이라고 평가했다. 추사는 집자로 보는데 비해 옹방강은 임서로 보고 있는 것에서 차이가 있다.

옹방강은 또 탁본에 대해서도 경탄하고 더 보내줄 것을 요청했다.[103] 이 비편들은 현재 국립중앙박물관에 소장되어 있다. 한 비편의 왼쪽 면에는 1817년에 무장사를 방문한 뒤 새로운 비편을 발견한 기쁨을 적은 김정희(金正喜)의 조사기(調査記)가 별도로 기록되어 있다.

2) 정림사 5층탑, 평백제탑

평백제탑(平百濟塔) 혹은 평제탑(平濟塔)은 당나라 소정방(蘇定方)이 백제를 멸망시킨 기념으로 쓴 것으로, 현재 국보 9호인 부여 정림사지 오층석탑(定林寺址 五層石塔)의 1층 탑신에 비문이 새겨져 있다.

이에 대한 기록은 『신증동국여지승람(新增東國輿地勝覽)』에 소정방비(蘇定方碑)라는 명칭으로 처음 보이고, 조선시대에 여러 문인들에게 계속 관심을 받았다. 또한 18세기 조선과 청나라 문인들의 교유가 활발해지면서 청나라 문인들에게도 알려져, 이 비문의 탁본을 소장한 청나라 문인들도 많아졌다. 특히 옹방강(翁方綱)과 그의 아들 옹수곤(翁樹崐)은 추사 김정희와의 교유를 통해 평백제탑 탁본을 받았고, 이에 대해 석

103) 이런 류의 탁법이 가장 좋습니다. 혹시 중국의 먹을 사용하여 이처럼 광채가 있는 것입니까? 부디 다시 탁본을 떠서 5 정도를 보내주시기 바랍니다. "此或用中國之墨 惟此種拓法甚好乃得光如是耶 乞再拓拓五紙爲禱"

문(釋文)을 남겼다.[104]

柳得恭,[105] 成海應, 한치윤(韓致奫),[106] 金正喜 등이 남긴 평백제탑 釋文은 조선후기에 활발히 이루어진 금석문 연구의 수준을 보여주는 자료이며, 조선후기 한중 문인 교유의 일면을 보여준다.

정림사 5층탑에 새겨진 제액(題額)은 '대당평백제국비명(大唐平百濟國碑銘)'의 8자를 2행의 전서(篆書)이다. 내용은 대체로 소정방의 기공비(紀功碑)로 당(唐) 고종(高宗)이 문무왕과 힘을 합쳐 백제를 쳐서 사비성(泗沘城)을 함락시키고 마침내 이를 평정했다는 사적을 기록했다. 문장은 사륙병려체(四六騈驪體)이며 해서(楷書)로 당조(唐朝)에 육조(六朝)의 서풍이 가미 되었다. 글은 당나라의 학사 하수량(賀遂亮)의 지었고 글씨는 당(唐)학사(學士) 권회소(權懷素)가 썼다.[107]

---

104) 과천문화원 『해동금석영기(海東金石零記)』 p.67 "평백제탑의 새 석문을 함께 보내드리니 다시 상세히 살펴보신 정본에 써서 보내주시기 바랍니다. 반드시 형의 발문이 도착해야만 기준을 만들 수 있을 것입니다. 금석의 운명의 빛은 오직 우리 두 사람만이 함께 나눌 수 있을 것입니다. 털끝 만큼의 거친 마음이 있는 사람과는 함께 논할 수 없을 것입니다.(竝百濟塔碑 新文追兼呈 監定更求詳審後 仍錄定本惠寄 必俟兄跋到 方爲拓南 金石性命之光 惟我兩人共之 私有一毫麤心者 不可同語也)

105) 유득공(柳得恭, 류득공, 1748~ 1807)은 조선시대 후기의 실학자, 문신, 시인이며 조선 정조 당시의 실학자, 시인이다.구하기 어려운 책은 직접 빌려서 탐독하고 이를 필사본으로 베껴서 자신의 집에 비치해 두고 계속 읽었다. 또한 만주, 몽골, 타타르, 회회(回回, 이슬람), 인도, 안남(安南, 베트남), 남장(南掌, 라오스), 면전(緬甸, 미얀마), 타이완, 일본, 류큐(琉球) 및 서양의 홍모번(紅毛番, 영국), 프랑스), 아란타(阿蘭陀, 네덜란드) 등의 존재에도 관심을 가지게 되면서 청나라 일변도, 청나라 중심의 세계관에서 벗어날 수 있었다.

106) 한치윤(韓致奫, 1765~1814)은 조선 후기의 실학자이다. 본관은 청주, 자는 대연(大淵) 호는 옥유당(玉蕤堂)이다.

107) 『해동금석영기(海東金石零記)』 p.39. 현경 5년(660)에 좌무위대장군 소정방을

오늘날 정림사 오층탑으로 부르는 것은 정림사가 적힌 기와파편의 발견으로 고려시대의 절터였음을 확인한 후 부터이다. 현재 탑을 설명하는 기존의 세워진 오층탑에 소장방의 백제평정의 기록을 기록했다는 주장은 고려시대의 정림사라는 기명에 의한 것이지만, 백제시대에 정림사라는 절이 이미 있었다는 기록은 없다. 추사나 옹방강은 당나라의 제액 그대로 '대당평백제국비'로 당연하게 생각했다.

3) 유인원비(劉仁願碑)

유인원은 645년 당 태종이 고구려를 공격할 때 뛰어난 공을 세웠으며, 660년에 소정방과 더불어 백제를 공격하여 멸망시킨 뒤 백제유민들의 부흥운동도 평정했으나. 그 이후의 행적은 비문이 지워져 더 이상 알 수 없다. 비의 건립연대는 통일신라 문무왕 3년(663)으로 평제탑(정림사지 오층석탑)에 비문을 새긴지 3년 후이다. 비문 중에 의자왕과 태자 및 신하 700여 명이 당나라로 압송되었던 사실과 부흥운동의 중요내용, 폐허가 된 도성의 모습 등이 기록되어 있다.

그러나 비문이 명확하지 않아 유인원의 비라는 사실을 확인하고 있다.

"....평백제탑비와 유사합니다. 이것이 석비이고 팔면 탑은 아닌 듯합니다.

신병도행군대총관에 임명하고 신라왕 김춘추를 우이도행군총관에 임명해서 장군과 신라 군대를 통솔하여 백제를 공격하게 하였고, 11월에 백제왕을 사로잡아 바쳤는데 탑을 백마강가에 세운 것이 바로 그때이다. "顯慶五年 左武衛大將軍 蘇定方 爲神兵道行軍大總管 新羅王金春秋爲嵎夷道行軍總管 率三將軍及新羅兵 以伐百濟 十一月 俘百濟王以獻 立塔於白馬江上 卽此時也"

평백제탑은 소정방의 공적을 기록하기 위해 만든 것입니다. 이 비는 士元(유인원의 자)의 공적을 기록하기 위해 만든 것인 듯 한데 형께서도 그렇다고 생각하십니까?"[108]

4) 진흥왕 북순비

이 비는 신라 古碑에 속하며 동방 金石의 원조이다. 서체는 예서(隷書)같기도 하고 해서(楷書)를 닮기도 했다. 원래는 함흥 초방원에 있었는데 지금 어느 곳에 묻혔는지 알 수 없다. 이것은 고탁본이다.[109]

이 비에 대한 관심도 높아 "이 비는 확실히 동방에서 가장 오래된 碑刻입니다. ....일찍이 유혜풍(유득공)이 耳溪 홍양호[110]가 소작한 탁본에 제하기를 "어느 시대인가하면 陳 光大로서, 천이백년이 흘러도망가지지 않았네."라고 했습니다. 혹시 耳溪 집안에 소장하고 있는 것이 닳지 않고 완벽하다면 형께서 저를 위해 적극 힘써주시기 바라며 만일 원본을 얻지 못한다면 1부라도 임모해서 보내주신다면 정말 감사하겠습니다.[111]

---

108) 『해동금속영기』 p.66. 劉仁願碑石文 "似是平百濟塔 [面行文逘上 文烈以字行] 此是石碑 恐非八面之塔 ?則平百濟塔專爲蘇定方紀功 此碑專爲士元(仁願字)紀功也 兄以爲然否"

109) 『해동금석영기(海東金石零記)』 p.36."係新羅古碑 東方金石之祖 字體似隷似諧舊在咸興草坊院 今不知埋沒於何處 此係舊拓"

110) 홍양호(洪良浩, 1724년 ~ 1802년)는 조선 후기의 문신이다. 본관은 풍산(豊山). 초명은 양한(良漢). 자는 한사(漢師), 호는 이계(耳溪). 이조판서와 양관대제학 등을 지내고 판중추부사에 이르렀다

111) 此碑刻確爲東方第一最古之刻 ....嘗見柳惠風題耳溪藏本詩云 '問是何世陳光大 千二百年猶未殘 或耳溪家所藏者 完好未泐 乞兄爲我竭力謀之 或不能得原本 卽臨摹一部惠寄 心感萬萬

북한산의 진흥왕 순수비는 무학대사비로 알려져 왔던 것을 추사가 비로소 발견했다. 이 비석의 측면에는 순조 16년(1816)과 그 다음해에 완당 김정희가 實査來讀한 사실이 "此新羅眞興大王 巡狩之碑 丙子七月 金正喜 金敬淵來讀. 己未八月三十日李濟鉉龍仁人 丁丑六月八日金正喜 趙寅永 來審政 殘字 六十八字"로 기록되어 있으며, 이후로 세상에 알려지기 시작했다.

옹방강은 "서체는 예서가 처음 해서로 변하는 즈음에 있는데 육조시대의 매우 질박한 모습입니다. 옛 사람의 혼후한 필치의 원기를 품고 있고 당송의 습기가 스미지 않았음을 엿 볼 수 있으니 제량 시대 여러 造像 들의 위에 있습니다."라고 찬탄한다.[112]

5) 문수원기(文殊院記) 및 기타

옹방강은 조선의 탁본들을 높이 평가하고 그의 아들 옹수곤을 통해 조선의 학자들과 교신하도록 하는데 문서원기를 받고 나서 그 길이를 다시 재달라고 하여 많은 관심을 표한다.

"문수원기는 고탁인 것은 분명하지만 먹을 너무 많이 사용한 것이 아쉬워서, 지금 탁본한 무장사비와 인각사비의 적당히 먹을 사용한 것만 못합니다. 대감국사와 문수원기 두 발문은 自怡주인(김한태)[113]에게 자세한 내용이 있으니 찾아보시는 것이 어떻겠습니까, 제가 이미 이런 뜻을 미리 답장으로 전했습니다. 김군이 손수 쓴 책에 낙관한 곳은 사실 제가 보충해 쓴 것인데, 눈 밝으신 분이 절로 알아차리셔서 매우 감

---

112) p.37. "字體在隸初變諧之間 尙是六祖古樸 見古人用筆渾淪元氣 未入唐宋習氣 更在齊梁諸造像之上耳 星原"

113) 자이당(自怡堂)은 역관 김한태(自怡堂 金漢泰 : 1750~?)이다.

탄합니다."[114]

옹방강은 조선의 탁본을 귀중하게 생각했고 감탄했다. 가령 고려의 인각사에 있었던 대각선사비와 같은 것은 현재 그 20분의 1만 남은 채 거의 멸실되어 버렸는데 탁본으로는 온전히 남아있다.

"편지를 봉하려는데 마침 구탁인 유인원비와 문수원비가 기증돼 오고 또 새로 탁본한 대각선사비가 기증돼 와서 3본이 일시에 함께 모였으니 묵연이 우연이 아님을 증명할 수 있습니다. 유인원비는 근래 탁본한 것과 절대 견줄 수 있는 것이 아니고 문수원비는 형께서 일찍이 보지 못한 원본입니다. 부디 제가 만든 자로 그 길이를 재어봐 주기기 바랍니다."[115]

이처럼 옹방강은 여러 조선의 지우들을 통해 비석문들을 수집했고 귀중한 문화유산으로 평가했다.

옹방강의 영향

청나라를 연행하는 역관 김한태는 옹방강에게 자이당이라는 편액을 받았고 또 옹방강의 아들 옹수곤과도 교류했다. 청나라 문인들의 글과 글씨를 통해 일종의 시모임을 갖기도 했다.

옹방강이 아들 옹수곤과 더불어 조선의 금석에 대해 정리해 둔 필사본은 『해동금석영기(海東金石零記) 』이다. 옹방강은 조선 학자에게

114) 『해동금석영기』 p.81."文殊院記確是舊拓 惜用墨太重耳 不如今拓之鐅藏麟角用墨得之 大鑑國師文殊院記 二跋 詳見自怡主人處 索觀何如 弟已先答此意耳 全君手?落款處 實弟補書 明眼人自知 尤深欽佩耳"

115) 『해동금석영기』 PP.82-83. "頭註...封將畢 有以舊拓文殊院碑來贈 又有以大覺碑新拓來贈者 三本一時并聚 亦可證墨緣而非偶然也 劉碑大非近拓可比 文殊記 兄未曾見原本者也 須以弟尺度其長短也"

전해 받은 금석문을 정리하여, 금석문 매 건마다 보내준 사람의 이름과 그들의 견해를 수록하였다. 추사 이외에 약헌(約軒) 홍현주(洪顯周)[116], 자하(紫霞) 신위(申緯)[117] 등도 보인다. 조선의 김정희는 '담계(覃溪) 옹방강을 보배롭게 여기고 받드는 서재'라는 뜻으로 자신의 서재 이름을 '보담재(寶覃齋)'라고 쓰기도 했다.

이조묵(李祖默,1792-1840)은 옹방강 부자와 편지를 통해 교류했는데 주로 금석문을 교환하면서 우의를 돈독히 했다. 자신의 서재를 '보옹재(寶翁齋)'라고 명명했다. 자신을 소실학인(蘇室學人)이라고도 했는데 추사와 마찬가지로 옹방강의 제자이며 그를 보배로 여긴다는 뜻이다. 그의 말년을 이유원[118]은 임하필기에서 이렇게 전한다. "(중국에 대한 기벽으로)가산이 날로 줄었고 말년에는 거처할 집조차 없게 되었다. 방 한 칸 세들어 살았으나, 오히려 '법화경' 한 질을 곁에 두고 있었다."

옹방강과 그의 아들 옹수곤을 중심으로 한 금석학은 주로 옛 비석을 탁본하여 감상하고 감정하는 일과 서화를 겸하고 있다. 옹방강의 관심사는 거의 탁본에 쏠려 있었다. 그들은 자신들이 모은 자료를 조선의 학자들에게 제공했고 또한 조선의 옛 비석들의 탁본을 수집하여 연구하면서 이러한 학문을 서로 공유하였다.

---

116) 홍현주(洪顯周, 1793 ~ 1865)은 조선후기의 문신으로, 정조의 차녀 숙선옹주의 남편이다.

117) 신위(申緯, 1769년~1845년)는 조선 후기의 문신이다. 본관은 평산(平山). 자는 한수(漢叟), 호는 자하(紫霞) 경수당(警修堂)이다. 어려서부터 신동이라 불리었고 14세 때 정조가 그를 불러 크게 칭찬하였다. 1799년 알성 문과에 급제하여 도승지 · 이조참판을 지냈다

118) 한말의 문신 귤산(橘山) 이유원(李裕元 1814~1888)은 관직 생활을 하는 동안 틈틈이 써놓았던 것을 임하필기라는 제목으로 1871년 발행한 것이다. 이 책은 조선의 각종 제도、문물、인물、역사、시문 등 광범위한 분야에 대한 기록이다.

추사 김정희는 청나라의 금석학과 서예를 충분히 배우고 창의적으로 활용하는데 모범이 되었고 한중교류에 적극적이었다. 다만 이 옹방강의 금석학 자체가 미래지향적인 학문이라기보다는 옛 문헌과 전적 혹은 금석문을 바탕으로 하는 심미적인 예술적 취향을 가지고 있었다. 그들은 한문과 한시에 능통한 지식인들이었으며 기본적으로 생활의 여유를 가지고 있었다.

옹방강의 조선후기에 미친 영향은 조선사회가 청나라의 문화를 중국의 전통을 잇는 정통으로 보도록 하는데 도움이 되었다. 사실 청나라는 만주의 문화가 아니라 한학의 전통을 계승하고 있었으므로 실제적으로 중국문화를 계승한 왕조였다. 이것은 숭정을 천하의 대의로 보는 과거의 주자학적 의리관과 무관하게 실학적 풍을 이끌었다.

옹방강의 불교문화에 대한 애호는 조선의 학자들에게도 계승되어 추사 김정희를 비롯한 당대의 지식인들이 억불숭유의 편협성을 탈피하여 우리나라의 오랜 불교문화를 재평가하고 또 당시 신분적으로 억압받고 있었던 승려들을 격려하여 유교일변도의 문화를 다양하게 하는데 이바지 했다. 이것 역시 다양성을 추구하는 실학적 변화라고 할 것이며, 이러한 다양성의 확대가 실학풍이 근대적으로 변화할 여지를 주었다고 할 수 있다.

옹방강의 금석학은 주자학을 탈피하여 고전의 연구를 더욱 폭넓게 했고,중국과 조선이 공유하는 한문중심의 문헌연구와 예술세계에 몰입하게 하였다. 19세기 한중의 금석학자들의 면모는 도만홍한(到滿興漢)의 국내적 변화와 서세동점의 세계적 변화와는 무관하게 학문과 예술에만 집중하였으므로 시사와는 무관한 탈정치적 탈세속적인 면이 강하다. 근대적 실학적 요소가 있기는 하지만 역시 전통적 가치를 중시하는 親중국적이고 親 유교적인 보수적인 학풍이라고 할 수 있다.

일제하 李炳憲의 공자교운동

1. 서론

유교는 종교인가 라는 질문은 쉽게 대답하기 어려운 질문이다. 대체적으로는 유교를 종교가 아니라고 보는 견해가 많다. 동양의 전통, 특히 중국문화의 전통가운데 불교나 도교는 종교의 범주에 들어가지만 유교는 그렇지 않다고 보는 것이 일반적이다.

조선시대에 유교는 국가통치의 이념이었지만, 민중들의 종교활동은 유교가 아닌 불교나 무속 등을 통해 실행했다. 그런데 이런 오랜 전통에도 불구하고 유교를 종교화하려는 움직임이 중국의 사상가이자 변법 유신의 지도자인 강유위(康有爲)에 의해 제창되었고, 이에 호응하였던 공자교 운동의 지도자가 이병헌이었다. 이병헌 이외에도 여러 가지의 공자교 운동이 동시대에 있었는데, 1909년 박은식(朴殷植: 1859-1926)등 이 주도되어 대동(大同)교의 유교개혁결사가 공자교 운동의 일환으로 볼 수 있으며, 이와는 달리 1907년에 당시 일제의 통감부의 비호아래 대동(大東)학회가 설립되었고 이를 근간으로 1909년 공자교회로 개명했다. 특히 이 공자교회는 친일세력의 유림장악의 의도에서 출발하였다. 이 친일단체가 "공자교회"라는 명칭을 썼기 때문에 여기서 다루는 이병헌과 같은 시기에 같은 뜻을 가지고 활동한 이승희 등의 "공자교" 혹은 "공교(孔教)"는 "공자교회(孔子敎會)"와는 구분되어야 한다.

공자교 운동을 제창한 이병헌(李炳憲; 1870-1940)은 1870년(고종 7년) 경남 함양군에서 태어났다. 그는 청년시절 곽종석(郭鍾錫; 1846-1919)의 문하에서 수학했으며, 퇴계와 남명을 함께 존숭한 유생이었다. 이미 21세 때 노사 기정진의 문하생이었던 진주의 월고(月皐) 조성가(趙性家)와 함께 시문(詩文)을 토론한 적이 있을 뿐만 아니라, 기정진의 손자로 전남 장성에 살고 있던 송사(松沙) 기우만(奇宇萬)을 찾아가 학문적 논의를 하는 등 전통적인 유생의 입장에 있었다.

그러나 도래하는 서양문물을 접하면서 그의 삶에 일단의 변화가 왔다. 34세(1903)에 서울을 방문하여 전차와 철도 등 근대적 시설을 직접 목격하면서 그는 기존의 전통적 유교의 한계를 절감하고 시국의 변화에 어떻게 대응할 것인가 고민하였다. 그는 전형적인 유생의 틀을 벗어나 1906년에는 실학 · 실업이 없이는 자존(自存)도 없다고 생각하고, 서울 사직동에 집을 얻어 영어를 공부하는 한편 미국인 선교사 알랜이 발행하는 『만국공보(萬國公報)』를 구독하기도 했다. 이런 과정에서 그는 자신의 사상적 바탕인 유교이외에 새로운 서구문화를 접하였고, 동시에 중국의 개혁자로 소위 유신과 변법운동 그리고 공자교 운동의 선구자인 강유위에게서 새로운 길을 발견한다.

그는 45세의(1914년) 2월부터 5월까지 중국에서 4개월간 체류했으며, 이 때 북경에서 공교회를 참관하고 홍콩에서 강유위를 만나게 되면서 근대중국과 공자교운동을 관찰했다. 1916년에도 6월부터 10월까지 5개월간 중국의 정황을 체험하고 이때에도 강유위가 거주하는 항주를 방문하고 『중용주(中庸注)』와 『예운주(禮運注)』를 중심으로 한 금문경학을 바탕으로 한 대동사상과 공자교의 근본이념을 학습한다. 물론 이런 과정속에서 조선에서의 공자교 확산을 논의하였다. 1919년 그는 공자교 운동의 이론적 저술인 『유교복원론(儒敎復原論)』을 저술하여, 그 나름의 공자교의 기본체계를 제시한다.

1920년 2월과 3월 중국의 산동성 곡부에 다녀왔으며, 공자의 진상(眞像)을 모사(模寫)하고 공자교의 바탕이 되는 금문(今文)의 경전(經典)들을 구입했다. 1921년에 이충호 등과 공교회의 교회의 기능을 할 수 있는 배산(培山)서당 유회(儒會)를 발기하여 '배산서당설립취지문(培山書堂設立趣旨書)'와 '進行事目'을 정하였다.

1923년 정월에 다시 네 번째 중국 여행에서도 강유위를 방문하고 유신 변법사상의 유교적 근거가 되는 강유위의 역작 『공자개제고(孔子改制考)』를 받고 공자교와 탁고개제(託古改制)와 관련된 논의를 하였다. 중국 곡부에서 가져온 공자상을 자신의 고향에 사설 문묘를 만들어 봉안하고 공자교 운동을 본격적으로 펼치려 했지만, 당시 보수적인 지방유림들의 반대에 봉착하여 그의 계획은 확산되지 못한다. 개혁을 이끄는 정치적 세력이 지도하는 중국의 상황과는 달리, 한국은 일제하에 있었고 또한 여전히 보수적이고 봉건주의적인 유학이 큰 산처럼 놓여있었기 때문이다. 이런 답답한 상황에서도 그는 공자의 새로운 면을 보려는 노력의 일환으로 1924년에는 일본에 가서 동경의 일본제국도서관의 자료를 보면서 『공경대의고(孔經大義考)』(1924)를 저술하였다.

암울한 일제치하에서 또 보수적인 유교가 지배하는 나라에서, 새로운 시대정신을 찾기 위한 그의 노력은 기존의 유림으로부터 외면받았다. 그러나 이에 굴하지 않고 자신의 입장을 대변하는 『변정록(辨訂錄)』 등을 계속 저술하면서 공자교운동의 신념을 포기하지 않았다.

2. 중국에서의 공자교 운동

이병헌의 공자교운동에 있어서 가장 영향을 준 인물은 다름아닌 중국의 강유위이다. 중국에서 서세동점(西勢東漸)의 격변기를 맞이하여 다양한 대응방식이 대두했을 때, 서양의 실력을 인식한 이들은 서구의 가치를 적극적으로 받아들이는 입장, 그리고 이에 대해 저항하는 보수적인 입장으로 나뉘는데, 강유위(康有爲: 1858-1927)의 경우는 서양을 수용하되 동시에 중국의 유교문화를 수호하려는 입장이었다. 그의 공자교운동은 종래의 고문경학을 배제하고 금문(今文)경학적 해석을 통해 유교의 이상사회 곧 대동사회를 제시한다. 여기서는 '절대적 평등'이란 것을 매개로 하여 이전의 신분질서체계와는 다른 새로운 이상세계가 제시된다.

그에 의해서 주도되었던 무술변법(戊戌變法, 1898)은 淸나라 궁중내의 수구파에 의해 좌절되었지만 그는 사실 공화주의자는 아니었으며 혁명적 방법이 아닌 점진적 방법을 선호했다. 강유위는 심각하게 위기의식을 가지고 중국의 전반적인 제도개혁을 건의하고 제시한 선구적인 사상가였다.

그는 유교와 중국문화는 불가분의 관계로 중국은 유교의 가르침을 벗어날 수 없는 것으로 중국민족의 존립과 직결된 것으로 인식했다. 그는 서구에서의 기독교처럼 중국에서는 유교가 주요 종교가 되어야 한다고 생각했다. 만약 유교적 가르침이 무너진다면 중국의 정신이 무너진다고 생각했기 때문에 국민정신의 확립을 위한 유교의 국교화를 요구하기도 했다. 그에게 있어서 공자는 철학가, 정치가, 교육가와 같은 평범한 인간이 아닌 유교의 교주(教主)로 신앙의 대상이 되어야 한다는 입장이었다.

공자가 신앙의 대상이 되기 위해서 종래의 일반인과 떨어져 있는 공자가 아닌 가까이 접근할 수 있는 공자로 거듭나야 했다. 기존의 주자학적 유교는 신분질서에 따라 일반인이나 어린이 부녀자들이 향교에 출입하기 어려웠다. 공자를 국민들이 존중하게 하기 위한 방법으로 민간의 남녀노소 누구나 공자사당에서 참배할 수 있도록 하며, 누구나 하늘에 제사드릴 수 있도록 허용할 것을 요청했다. 이것은 일정하게 기독교의 영향을 받은 것으로 보이지만, 정작 그가 보는 기독교는 서구의 문화침략의 하나였다.

그는 종교로서의 공자교의 유지방법으로, 중앙에 교부(教部)를 세우고 지방에는 교회(教會)를 세울 것을 주장했으며, 공자교회를 이끌어갈 교직자로서 향(鄕)의 강생(講生; 奉祀生을 칭함), 사(司)의 강사, 현(縣)의 대강사, 부(府)의 종사, 성(省)의 대종사, 전국의 제주(祭酒; 大長이라고도 함)로 직제를 설정하고, 이들이 일주일마다 휴일에 경전을 강론하여 일반인들이 듣도록 하며, 제사를 담당하게 할 것을 건의했다.

한편 그는 서구의 진화론으로 역사를 보았는데 이를 중국적으로 재해석한다. 그는 역사관의 학문적인 근거로 『춘추』「공양전」의 공양삼세설(公羊三世說)에 기초하였으니, 다름아닌 역사를 거난세(據亂世)—승평세(升平世) —태평세(太平世)로 발전하는 것으로 파악하고 태평세의 이상을 대동세계라고 하였다. 이 대동세계와 태평세를 유교적 이상사회로 재조명하고 공자교의 중요사상으로 자리매김했다.

대동사회는 국가와 가족을 초월하는 파격적인 제안이었다. 대동사회란 국가도 없고 계급도 없어 전쟁과 대립에서 오는 참화가 근절된 평화로운 세계며 인종적 차별이나 구별이 없는 평등의 사회며 나아가서는 가족도 사사(私私)도 있을 없는 공공(公共)의 세계라고 할 수 있다.

강유위의 공자교 운동은 서세동점(西勢東漸) 하에서 느낀 서양문명에 경악한 중국지식인의 위기의식이며 동도서기적(東道西器的) 대응방식의 일환이라고 할 수 있다. 그러기 때문에 유교를 비판하는 것이 목적이라기보다는 구래의 유교를 청산하고 근대정신에 맞는 유교의 재해석이라고 할 수 있다.

3. 향교식 유교의 비판

이병헌(李炳憲)은 강유위가 중국을 보는 눈으로 똑같이 조선을 바라보았다. 곧 서양에 의해 그리고 자체 내의 개혁에 의해 무너진 청조(淸朝)와 조선왕조(朝鮮王朝)의 몰락원인이 유교 특히 주자학(朱子學)에 있었다는 것을 주장하며, 그 주자학적 유학의 상징인 향교식 유교로는 새로운 시대에 부응하기 어렵다고 판단했다. 그리고 그 향교식 유교의 사상은 본래의 유교정신과 일치하지 않는 왜곡된 유교로 이를 신랄하게 비판하고 있다. 이것은 전제왕조의 기틀을 충실하게 한 비민주주의적 비인권적인 요소들이라는 것이다. 이는 그가 중국의 현실을 체험하면서 과거의 유교를 극복해야 할 필요성을 느꼈다.

> 소생이 십 수년 전에 오랜 동안 중국을 보면서 유교의 가르침 가운데 신파와 구파로 나누어 볼 수 있었는데 향교식 유교를 구파라고 하며 교회식 유교를 신파라고 합니다.

그에게 있어서 구파의 향교식 유교는 청산해야 할 대상이었고, 무엇보다도 군주 일인을 위한 전제정치와 영합한 가르침이기 때문에 이를 반성해야 한다고 보았다. 이른바 구파 유교는 춘추를 해석함에 있어서 임금을 존중하고 그의 전제를 옹호하는 책으로 삼아왔다는 것이다. 이것은 다름 아닌 고문경학을 이끈 유흠(劉歆)의 잘못된 좌전(左傳) 등에 의거했기 때문에 오늘날 사회에서 공자가 전제정치를 옹호한 책임을 면할 수 없게 되었으며, 이는 잘못된 경전해석에 근거하는 것이라고 했다. 일반사람들은 공자를 수구적이며 전제적이며 비종교적이며 또한 비자유주의적 인물로 낙인찍고 있는 것도 본래의 공자정신이 아니라는 것이다. 향교식 유교는 공자보다는 오히려 주자에 편향되어 공자의 가르침을 공부할 겨를이 없다고 비판한다.

> 의리는 주자강목(朱子綱目)을 활용하고, 예(禮)는 주자가례(朱子家禮)를 활용하고, 문장은 주자대전(朱子大全)을 활용하고, 교육은 주자의 소학(小學), 어류(語類), 절요(節要)를 활용한다. 공자의 육경을 어느 때 읽을 것인가!

향교식 유교는 경학의 대가(大家)조차도 단지 입으로만 외울 뿐이요, 진실한 정성의 신앙이 결여되어 있음을 지적했다. 공자를 봉헌의 가장 중요한 대상으로 삼기는 하지만 그것은 여러 성현들과 더불어 형식적으로 존숭되는 것이고, 틀에 박힌 격식과 의례로 형식적으로 하는 것이며 정감이 없다는 것이다. 이것은 전제적 군왕과 유교가 영합한 것으로 인민 위주의 의례가 아니라고 비판했다. 누구나 쉽게 접근할 수 있는 대상이 아니라 엄격한 위계질서에 의해 마치 공자는 마치 왕과 같이 군림하는 대상이라는 지적이다.

> 다만, 가정이 있는 줄만 알고 국가가 있는 줄을 모르며(**세상의 유자들이 다만 자신의 이름과 가문만을 아낄 줄 알며, 나라를 생각하는 깊은 생각을 하는 이들이 드물다. 서양인들은 사람들이 애국한다**), 세계에 대해서 논하더라도

다만 나라가 있는 줄은 알더라도 천하가 있는 줄은 알지 못한다.(세상의 유자들이 외국인을 보기를 이적과 금수로 보고 천하의 보편적 원리를 아는 이가 드물다. 서양인들은 천하의 대세를 안다).

여기서 말한 유자(儒者)는 향교식 유생들을 말하는 것으로 시대의 추이를 모르는 답답한 사람들로 묘사되고 그에 반해 서양인들은 애국은 물론 이거니와 인류적 차원의 사유를 할 줄 아는 문명인으로 묘사되고 있다. 이는 향교식 유교가 편협한 배타주의에 머물러 가족과 국경을 넘어선 인류적 사상이 되지 못하므로 대동주의와 어긋난다는 점을 지적하는 것이라고 볼 수 있다.

그는 종래의 주자학에서는 『예기』의 「예운」을 공자의 설로 보지 않는 것이 그런 편협성을 말하는 것이라고 보았다. 이것은 주역과 춘추에 대한 이해도 마찬가지로 주역을 단지 점치는 책으로 간주한다거나 춘추를 이해하지 못하는 것 등에서 공자의 근본대의를 밝히지 못하고 있다는 것이다. 이병헌의 공자교의 기본정신은 종래의 고문경학을 바탕으로 한 보수적인 유교, 향교식 유교는 진정한 공자의 정신을 담고 있지 않기 때문에 기존의 유교를 벗어나 공자를 재해석하는 공자교운동이 필요하다고 했다.

4. 공자교의 제안

1) 공자신앙

공자를 신앙의 대상으로 존숭해야한다는 것은 여러 경전에서 그 근거를 찾는다. 그는 『주역』 관괘(觀卦) 단사(彖辭)에서 이른바 '성인이 신의 도로써 가르침을 세웠다(聖人以神道設教)'라는 문단을 지적하면서, 이러한 명백한 神道를 외면하고 공자를 종교가로 보지 않는 것은 문제가 있다고 하면서 공자의 종교가로서의 입장을 주역에서 찾을 수 있다고 했다.

> 공자의 교주가 되는 소이는 역(易)에 있는데 곧 신도(神道)의 가르침을 설한 경전이다. (…) 교주는 공자이며 복희·문왕·주공을 이르는 것이 아니다. 이를 관찰하지 못하면 필시 유교는 종교가 아니며 공자는 교주가 못된다.

유교의 성격을 정의하면서 "유교는 공자의 교"라고 또한 "독일부이지교주(獨一無二之教主)"로 섬기는 대상이 되어야 한다고 주장하고 있다. 이는 기존의 유교와 확실히 다른 그의 입장이었다. 종래의 유교는 공자이전의 요순 이래로부터의 성인은 물론이려니와 공자의 제자들이 모두 제례를 드리는 대상인데 비해 이병헌은 '오로지 공자'만이 공자교의 존숭의 대상이었다.

요순보다도 공자가 더 빼어난 성인이라는 것이다. 송유(宋儒)는 물론 우리나라의 퇴계와 율곡 같은 선비들도 신앙은 될 수 없으며 오로지 공자만을 신앙의 대상으로 삼아야 한다는 논리는 기존의 종교처럼 공자를 높여 경쟁력을 갖게 하는 의미라고 보아야 할 것이다.

> 공자는 나를 위한 오로지 하나이며 둘이 아닌 교주이니, 비교하자면 깊이 밝혀질 것이 아니겠는가! 인도에서 비록 셀 수 없을 정도의 부처가 있지만 불교라 할 때는 석가세존만을 지칭하기 마련이고, 유태인들도 수많은 선지자(先知者)들이 있지만 경교(景教; 기독교)라 할 때 반드시 야소기독(耶蘇基督; 예수 그리스도)만을 칭하니 그 의미가 모두 동일한 것이다.

불교의 경우 과연 석가모니불만을 신앙의 대상으로 하는 것은 아니고 기독교의 경우도 삼위일체설이 있지만 유교에 비해서 구체적 신앙이 있다는 것은 주지의 일이다. 이병헌은 유교가 종교가 되기 위해서는 공자의 지위가 신격화되어야 함을 주장한다.

> 세상 사람들이 공자를 존숭하지 못하는 것이 오래되었다. 불교와 기독교는 저마다 모이는 회당이 있고 세월이 가고 달이 갈수록 그들의 신앙의 대상을 섬기는 자가 늘어난다.

국가의 운명이 민족의 정신에 있고 민족이 단결하기 위해서는 정신을 유지하는 방법은 유일무이한 종교여야 하는데, 중국과 한국은 유교가 바로 그것이라고 하면서, 서양에서 예수의 출생을 서기의 출발로 쓰듯 공기(孔紀)를 써야 한다고 주장했다.

공자의 탄생을 기원으로 하는 것은 왕조를 연호로 쓰는 것에 비해 보다 합리적인 방안이라고 주장했다. 아마도 종교로서의 공자교운동은 유교의 진수는 공자 한 분 이외에는 없다라는 접근 방식이다. 이병헌의 심중에는 유교의 전통을 가진 우리나라에서 다른 종교를 대신해서 공자를 하느님이나 부처님처럼 신앙의 대상으로 여기는 길만이 합당한 것이라고 생각했다.

2) 대동사상(大同思想)의 선양

이병헌의 공자교에서 중시한 것은 대동사상이다. 그래서 공자교, 공교라는 명칭과 함께 대동교(大同教)라는 명칭도 사용되기도 했다. 이병헌 역시 공자교(孔子教)는 전세계 대동(大同)의 교가 될 것이라고 말한다. 그는 주역의 동인(同人)괘를 설명하면서 불편부당한 세계가 대동의 세상이라고 설명한다.

> 종족으로 사람과 함께 하면 인색하다. 살피건대 이는 육이(六二)에 대한 효사(爻辭)의 뜻이다. 종족으로 사람과 함께 함은 인색하다. 군자는 반드시 종족으로 사람과 함께 하지 않고 불편부당하기 때문에 점차 대동의 문으로 들어가는 것이다.

대동사상은 이병헌이 이상으로 하는 민주적이고 평등한 그러면서도 인권을 보장하는 그런 이상사회로 묘사된다. 유교에 대한 종래의 입장이 봉건주의와 충효사상이라면 대동사회가 제시하는 것은 이것을 탈피하는 것으로 주목되는 것이다. 현실적으로 이병헌은 일제식민지 치하에서 독립운동을 한 것도 아니었고, 충효사상에 반하는 탈권위적인 운동가도 아니었지만 인류의 이상은 남녀와 인종의 차별뿐만 아니라 궁극적으로는 가족도 사라지는 그런 평등사회를 묘사했다.

> 진실로 여자가 부정하면 부부의 의리는 모두 사라지는데 어찌 부자와 형제의 윤리가 있겠는가! 오늘날 공산주의와 공처(共妻)의 설이 성행을 하고 서양에서는 본래 가족이 없어서 여기에 이르면 사회발전이 가장 쉽다.

그의 이러한 대동사상은 강유위와 괘를 같이 하는 것으로 종래의 군주 중심의 사유를 벗어나 공자에 의한 대동(大同)의 의리와 맹자에 의한 민본의 정신 그리고 춘추의 태평세를 이상으로 하는 체계였다. 춘추에서 말하는 소강시대와 『예기(禮記)』에서 말하는 승평세가 가정과 국가간이 서로 대립되는 시대라면, 미래의 사회는 대동시대이며 태평시대인데 그것은 공자교에 의하여 구현되는 인류의 평화시대이다.

3) 금문경학의 연구

그가 기존의 향교식 유교를 비판하고 대동사상을 전개하는 데는 새로운 경전해석의 영향을 받은 것으로 비록 그의 공자교 운동이 좌절되었다고 하더라도 한국 근대의 유교사상에 있어서 매우 중요한 학문적 업적을 남긴 것이 그의 경학사상이라고 할 것이다.

금문(今文)은 진시황제의 분서갱유에 의해 흩어지고 멸실된 고전을 후대의 학자들이 복원한 것이다. 그리고 그 복원의 근본정신은 공자의 큰 뜻을 살리자는 소위 "미언대의(微言大義)"(작은 소리지만 큰 뜻이 있다.)라는 것으로 무엇이 공자의 진정한 뜻이었는가에 의미를 두고 있다. 이것이 한나라 시대에 동중서 등의 활약에 힘입어 유교가 관학으로 되는데 바탕이 되었다. 그러다가 곡부의 공자고택에서 진시황이전의 경전들이 발굴되게 되었다. 이것이 바로 고문(古文)경전으로, 금문경전과 비슷한 것도 있고 다른 것도 있다. 『주례(周禮)』, 『모시(毛詩)』, 『춘추좌씨전(春秋左氏傳)』, 『고문상서(古文尙書)』 등 이 고문경서가 발굴되면서 금문경서는 의심을 받게 되고 고문경서가 신뢰를 받게 되었다. 이것은 "미언대의(微言大義)"보다는 공자의 "술이부작(述而不作)"의 뜻이 강하여 유학은 공자 한 사람의 유학이 아니라 요순이래 오랜 전통을 가진 것을 공자가 정리한 것으로 파악하고 있는 것이다.

그는 금문경학(今文經學)을 참된 유교로 인식하고, 이를 기반으로 삼는 '공자교 운동'의 중요한 사업으로 삼았다. 이러한 그의 사상은 당시 강유위의 『신학위경고(新學僞經考)』, 『공자개제고(孔子改制考)』 등의 저술에 영향을 받은 것임은 말할 나위가 없다. 이병헌은 금문경(今文經)이야말로 공자의 후학들이 직접 구전한 것이라고 강조했다.

그는 금문경학을 진정한 유교의 입장으로 보고 이의 연구에 몰입했다. 그 결과, 『공경대의고(孔經大義考)』, 『시경삼가설고(詩經三家說考)』, 『서경금문고(書經今文考)』, 『예경금문설고(禮經今文說考)』, 『역경금문고(易經今文考)』 등을 저술했다. 따라서 그는 지금 필요한 유학은 금문경학으로 공자의 문하생들이 구전해온 설이며, 향교식 유학은 수구적인 고문경학인데 이는 유흠(劉歆)에게 의거하는 날조된 것이라고 했다.

이병헌은 고문경학의 대표적인 인물인 유흠(劉歆)을 비판하고, 금문경학의 입장을 견지한 동중서 등의 음양오행설, 천인감응론(天人感應論) 등에 대해 공자의 가르침과 일치하는 것으로 보았다. 고문경학이 「좌씨전(左氏傳)」 등에서 군부(君父)에 대한 신자(臣子)의 도리를 강조하고, 군주의 명령을 절대적인 권위인 天으로 격상시키고 상대적으로 군부의 절대적인 권위를 절대화한 것으로 보았다. 그러나 금문경학의 해석을 함에 있어서 민주적 가치에 부응하는 면을 강조하기도 한다. 예컨대, 주역의 대유(大有)괘를 설명하면서 과거의 전통사회는 음양관계에서 양이 언제나 우위에 있었지만 민주사회에서는 그런 고정관념을 벗어날 수 있음을 시사한다.

> 음이 존경받는 위치를 얻을 때도 있으며 이것이 대유(大有)의 세상이다. 마치 근래에 영국과 이탈리아가 여왕인 것과 같은 이치다.

이병헌의 금문경학에 대한 핵심적 입장은 유교경전의 대부분이 공자의 저작이라는 것이고, 공자는 단지 자신을 '술이부작(述而不作)'이라고 했던 것은 성인의 겸손에서 기인한 것이라고 했다.

> 대개 성인의 겸손한 덕은 일찍이 군자가 자처하여 신비롭게 교화하여 하늘과 더불어 하나가 되었다. 오늘날 보고 굽어보고 또 나아가면 '述而不作'이라는 것은 진실로 공자의 경전이라는 것이며 신비롭게 교화하여 제

> 도를 개혁하고 가르침을 창설한 것으로 공자의 경전인 것이다.
> 공자가 말하기를 내가 수년을 더 살아서 오십에 역을 공부하면 큰 허물이 없을 것인데 (…) 내가 가령 수년을 이라고 가정한 것은 내가 역에 더 훌륭할 수 있을 것이라는 것이다. 이것이야말로 공자가 역을 지은 사실이다.

이처럼 이병헌의 금문경학은 공자야 말로 진정한 유교의 교주이며, 모든 경전의 실제적 작자인 것으로 과거의 잘못된 해석을 떨쳐야 한다고 주장했다. 동시에 금문경학이 공자를 숭상하며, 공자가 비록 제왕의 자리에 오르지 못했지만 하늘의 명을 받은 사실상의 제왕인 소왕(素王)이라는 인식을 종교적 숭앙의 대상으로 재해석하려 했던 것이다.

5. 결론

조선을 지탱해 온 전통적 유교문화는 서구문물의 도래와 일본의 한반도 강점에 의해 엄청난 혼란을 가져온다. 조선왕조의 붕괴는 성균관의 문묘를 중심으로 한 지방향교의 학교기능을 제거하고, 국가통치의 위계질서의 중심에 있었던 유교의례의 공식적 폐지를 의미하게 된다.

물질문명보다는 도덕적 절의를 강조하던 선비들이 위정척사의 비장한 각오로 일제강점에 맞서 의병을 일으키는 등 저항을 멈추지 않았지만, 이미 대세를 뒤집을 수 없는 상황에서 일제강점기를 맞게 된다. 일제는 한편으로 한국의 풍습을 개선하려 하면서도 한편으로는 충효의 유교문화를 유지할 필요를 느끼기 때문에 향교에서의 제사기능은 지속될 수 있었다.

이병헌은 서양과 일본의 새로운 물질문명에 대해 충격을 받으며, 서양의 근대적인 인권과 민주주의의 가치 등에 대해서도 그 보편성을 인식하면서, 이제까지의 전통적 유교가 가지고 있던 전근대적인 요소들에 대한 반성이 필요하다고 보았다.

그러한 사유의 일단은 이미 그의 스승인 곽종석에게도 찾아 볼 수 있었지만, 강유위(康有爲)의 공자교와 대동사상 그리고 금문경학(今文經學)에 결정적인 영향을 받게 된다. 다섯 차례에 걸친 중국여행에서 새로운 시대에 맞는 유교복원을 실현하고자 한다.

그가 제안하는 공자교의 내용은 공자를 기독교의 예수나 불교의 석가모니처럼 신앙의 대상으로 삼아야 한다는 것이다. 그리고 종래의 위계질서와 봉건사회에 영합했던 유교에서 탈피하여 대동사회의 인류애를 실현함으로써 세계종교로서의 보편적 가치를 전파하자는 것으로 요약된다. 이러한 사유는 이미 금문경학에 바탕한 것이므로 금문경학을 재조명하는 것을 그의 주요한 사명으로 인식하였다.

이병헌의 공자교 운동은 하나의 시도에 불과했고 이를 실제로 민중 속으로 접목시키는 데는 실패했다. 이것은 이미 강유위의 수제자인 양계초가 종교로서의 유교는 적합하지 않다고 평가했던 데서도 한계를 보였던 것이다. 그렇지만 그의 유교개혁의 노력은 참신하고 의미있는 것이 아닐 수 없다. 그는 왜 유교가 전근대적인 사상으로 비판받았는가에 대해 깊은 반성이다. 그가 지적한 것은 봉건왕조와의 영합한 가운데 전제정치를 옹호했다는 것이며, 유교만을 진리로 인식하고 다른 문화와 소통하지 않는다는 점, 그리고 신분질서 등에 따른 인간의 불평등을 당연한 것으로 인식하는 등의 문제였다. 그리고 다른 종교와 같이 위대한 스승과 정감있는 교류가 없어져 버린 그런 향교식 의례에 문제를 제기한 것이다.

이병헌의 이러한 일련의 사유는 강유위로부터 유래한 것이기는 하지만, 중국과 달리 주자학 중심의 한국에서는 보다 정교한 설득이 필요했기 때문에 그는 금문경학(今文經學)의 정리에 보다 많은 공을 들였다. 그것은 공자교의 창시자라고 할 수 있는 강유위가 이병헌의 저술을 보고 감동했다는 데서 알 수 있는 점이다.

그런데 이러한 노력은 기존의 유교를 비판하는 데는 성과를 거두었을지 모르지만, 새로운 유교는 되지 못했다. 공자를 예수나 석가모니와 같은 유일한 신앙의 대상으로 높이다 보니 다른 유교 성인들이 배제된 것이 보수적인 유생들이나 일반 민중들에게 받아들여지지 않았던 것이다.

그의 공자교 운동은 분명히 전근대적 유교와는 다른 새로운 유교 해석이었으면서도 의도한대로 성공을 거두지는 못했다. 다만 금문경학을 통한 유교의 새로운 해석은 유교를 전근대의 사유체계로만 보는 편협한 시각을 벗어난 참신한 이론이라고 할 수 있을 것이다.

이희재

동국대학교(문학사)
고려대학교(교육학 석사)
원광대학교 대학원(철학박사)에서 중국철학 수학
한국공자학회 회장 역임
중국 후단(復旦)대학교 교환교수 역임
현) 광주대학교 외국어학부 교수

저서
한국의 예와 윤리, 동아시아 문화론, 동양사상의 이해
박세당-탈주자학적 실학의 선구
A Precious Mirror of Bright Mind 외 다수

중국 사상의 이해

초판 1쇄 발행 _ 2016년 12월 25일

편 주 자 · 이 희 재
발 행 인 · 정 현 걸
발　　행 · 신 아 사
인　　쇄 · 예지인쇄
출판등록 · 1956년 1월 5일 (제9-52호)
주　　소 · 서울시 은평구 통일로 59길 4(2F)
전　　화 · 02)382-6411 · 팩스 02)382-6401
홈페이지 · www.shinasa.co.kr
E-MAIL · shinasa@daum.net

ISBN 978-89-8396-962-0(93820)

정가 12,000 원